JN074932

幼保 英語検定

★3 級ワークブック

【編集】 一般社団法人 国際子育て人材支援機構（OBP）

kidsfore
ブックフォレ
株式会社ブックフォレ

はじめに

本書は幼児教育・保育英語検定（以下、幼保英語検定といいます）2級用の学習用教材です。

幼保英語検定は、出題範囲が幼児教育に関連している分野であるため、保育士・幼稚園教諭の方及びこれらの資格取得、分野への就職を考えている学生・外国人の方には、最適の英語検定です。

この検定は、文法や語彙力といった観点より「日常会話力」に重視している点で、日本のこれからの国際化に必要な「外国語の会話力」を習得する先鞭をつけた検定です。ぜひ、多くの方に受検頂き、「机上の英語力」、「話せない英語力」ではなく、「実践的な会話力」を身につけてください。

本書は、幼保英語の早期習得を目指し実践的な学習ができるように、3回分の問題を検定形式で掲載しています。

幼保英語検定の検定学習としては、一般社団法人幼児教育・保育英語検定協会の著書「幼保英語検定テキスト」で基礎を学習し、学習度合いの確認及び検定直前の実力確認用として、本書を活用ください。

　　　　無断転載・複写を禁じます

目次

幼児教育・保育英語検定
（略：幼保英語検定）とは

幼保英語検定は、幼稚園教諭及び保育士等幼児教育者のみならず、乳幼児保育に携わる方々が、幼稚園、こども園及び保育園等幼児教育施設等の乳幼児保育環境において、英語でのコミュニケーション力の習得状況を知り、さらに向上させることができる検定です。

乳幼児との会話、園内の教育・保育に焦点をあて、現場に即した実践英語を習得できることが大きな特色です。

園内教育・保育及び保護者との日常会話から連絡・交流に必要な題材まで、受検者の学習を 考慮し工夫された内容になっており、楽しみながら知識を深められる構成となっています。「入 門レベル」から責任者として活躍できる「専門レベル」までの 5 段階で構成されており、英 語力の向上を実感できるだけではなく、資格を取得することで幼児教育、保育分野で幅広く 活用でき、幼児教育、保育環境の国際的なグローバル化に対応できる実践的な英語力を段階 に応じて有することが証明できます。

3　　第1回　問題

問題数	筆記	40問	リスニング	20問
点数	筆記	1問1点	リスニング	1問3点
解答	解答用紙（マークシート）			

Part 1
次の問1から問5までの（　）に入る最も適切なものを1,2,3,4の中から一つ選び、マーク欄の該当する番号を塗りつぶしなさい。（マークからはみ出さないように塗りつぶすこと。マークを2つ塗ってしまったり、消しゴムの消し方が不十分だったりすると「マークの重複」になってしまう点にも注意すること。）

問1　リエちゃん、お顔がとても赤いし熱いわね。お熱があるかもね。
Your face is quite red and hot, Rie-chan. You might have a (　).

1. fever　　2. medicine　　3. mask　　4. bruise

問2　3回以上クラスを欠席すると保護者の方が園に呼ばれます。
If you are (　) more than 3 times from class your parents will be called to school.

1. early　　2. absent　　3. sad　　4. sorry

問3　今日はパパがお休みだから園が終わったらお迎えに来られるね。
Your daddy is (　) today so he will be able to pick you up after school.

1. on　　2. somewhere　　3. late　　4. off

問4　先生がお名前を呼んだら立ってみんなに聞こえるように大きな声でお返事してね。
When I call your name please stand up and answer (　) so that everyone can hear you.

1. carefully　　2. loudly　　3. quickly　　4. suddenly

問5　お話の時間を始めましょう。タロウくん、本棚から絵本を選んでください。
Let's begin story time. Taro, please (　) a picture book from the bookshelf.

1. choose　　2. watch　　3. return　　4. make

次の問6から問10までの下線部の英語に合うように最も適切な日本語訳を1,2,3,4の中から一つ選び、マーク欄の該当する番号を塗りつぶしなさい。

問6　All of you will <u>take turns</u> playing the drum so please stand in line.

1. 交替でやる　　　　2. 参加する　　　　3. 返す　　　　4. 降ろす

問7　When Taro <u>dropped</u> the instrument on the floor it made a loud thud.

1. 鳴らした　　　　2. なくした　　　　3. 落とした　　　　4. 吹いた

問8　Oops! It looks like your shirt is <u>inside out</u>, Taro.

1. 後ろ前　　　　2. 逆さまに　　　　3. 回転している　　　　4. 裏返し

問9　Where shall I <u>hang</u> my towel after I wash my hands?

1. 入れる　　　　2. 乾かす　　　　3. 濡らす　　　　4. 掛ける

問10　Yesterday, Rie <u>tripped</u> on a rock and got a cut on her knee.

1. つまずいた　　　　2. 蹴った　　　　3. 落ちた　　　　4. ぶつけた

次の問11から問20までの会話について（　）に入る最も適切なものを1,2,3,4の中から一つ選び、マーク欄に該当する番号を塗りつぶしなさい。

問11　　A: Ms. Suzuki, where should I put the castanets?
　　　　B: Put them back on the （　　） where they belong.

　　　　1. drying rack　　　2. window　　　　　3. ceiling　　　　　4. shelf

問12　　A: Taro, please bring your palette here after you finish.
　　　　B: Okay, I'm waiting a few minutes for the paint to （　　）.

　　　　1. wash　　　　　2. dry　　　　　3. clean　　　　　4. cover

問13　　A: Rie, would you like to practice the dance again?
　　　　B: I （　　） practiced four times today and feel very tired.

　　　　1. already　　　　2. sometimes　　　3. soon　　　　　4. never

問14　　A: Rie, should Taro help you with the chairs?
　　　　B: No, I can do it by （　　）.

　　　　1. himself　　　　2. itself　　　　3. myself　　　　　4. yourself

問15　　A: Please （　　） and don't rush when getting on and off the bus.
　　　　B: Yes, Ms. Suzuki.

　　　　1. make your time　2. save time　　　3. keep time　　　4. take your time

問16　　A: Is anyone missing a sock? I （　　） one near the entrance.
　　　　B: If it's blue it belongs to me.

　　　　1. find　　　　　2. am finding　　　3. found　　　　　4. will find

　　　　　　　　無断転載・複写を禁じます

問 17　A: Who was the last one to use the sink?

　　　B: Me, Ms. Suzuki.

　　　A: Next time, please remember to turn off the (　).

1. cap　　　　　2. cover　　　　　3. socket　　　　　4. faucet

問 18　A: Rie, why didn't you finish your lunch?

　　　B: I have a toothache and it (　) when I chew.

　　　A: Oh, I forgot your mother told me about that this morning.

1. hurts　　　　2. stops　　　　3. goes　　　　4. snaps

問 19　A: Okay, everyone, it's pool time!

　　　B: I'm (　), can I go in first Ms. Suzuki?

　　　A: No, Taro. You must wait in line with the others.

1. late　　　　2. ready　　　　3. upset　　　　4. funny

問 20　A: Rie, when you grow up what job would you like to do in the (　).

　　　B: I want to be a doctor!

1. past　　　　2. future　　　　3. present　　　　4. meantime

次の問21から問25までの英文の質問に合う最も適切なものを1,2,3,4の中から一つ選び、マーク欄に該当する番号を塗りつぶしなさい。

問 21　If the teacher says, "Make two lines" and there are 20 children in the class how many exactly will be in each line?

    1. more than 10

    2. just 10

    3. around 10

    4. less than 10

問 22　Which of the following has the same meaning as "Walk slowly and no talking" ?

    1. Be talkative and walk as fast as you can.

    2. Walk at a slow pace and be silent.

    3. Talking is allowed if you are walking slowly.

    4. While you are talking walk slowly.

問 23　Which of the following would the teacher NOT say to children on the playground.

    1. Push the child in front of you when climbing up the ladder.

    2. It's not okay to skip in front of someone, please be patient.

    3. Wash your hands after playing in the sandbox.

    4. You must hold on tight with both hands on the chin-up bar.

問 24　How might a teacher ask a child to gently close a door?

    1. Don't close the door when someone is in the way.

    2. Please make a loud noise before closing the door.

    3. Remember not to slam the door.

    4. Be sure the door is tightly closed.

問 25　Which of the following might a child say before eating lunch?

1. Where should I wash my friend's hands?
2. My lunchbox is too picky!
3. Is it okay to finish eating now?
4. That looks yummy!

次の問 26 から問 30 までの日本文の意味に合うように単語を並べ替えなさい。そして、2番目と4番目に該当する最も適切な組み合わせを選び、マーク欄の該当する番号を塗りつぶしなさい。（文頭に来る単語も小文字表記になっています）

問 26　明日会えるの、楽しみにしているね。

① look　　　　② to seeing　　　③ tomorrow　　④ forward

⑤ you

I (　　) (2 番目) (　　) (4 番目) (　　).

1. ⑤ - ①　　　　2. ③ - ①　　　　3. ④ - ②　　　　4. ④ - ⑤

問 27　明後日、君のノート返すね。

① return　　　　② after　　　　③ the day　　　④ notebook

⑤ going to　　　⑥ your

I'm (　　) (2 番目) (　　) (4 番目) (　　) (　　) tomorrow.

1. ① - ②　　　　2. ③ - ④　　　　3. ① - ④　　　　4. ③ - ⑤

問 28　静かにして早く寝てください。

① please　　　　② go to　　　　③ sleep　　　　④ be

⑤ quiet　　　　⑥ and

(　　) (2 番目) (　　) (4 番目) (　　) (　　) now.

1. ④ - ③　　　　2. ④ - ⑥　　　　3. ④ - ①　　　　4. ⑤ - ⑥

問 29　お昼を食べ終わったら、自分のゴミを拾ってくれる？

① trash　　　　② you　　　　③ eating　　　　④ pick up

⑤ the　　　　⑥ lunch

Can (　　) (2 番目) (　　) (4 番目) after (　　) (　　)?

1. ④ - ①　　　　2. ⑥ - ①　　　　3. ⑤ - ①　　　　4. ③ - ②

問30　自分の靴をドアの近くに並べてね。
　　　① your　　　　　　② line　　　　　③ shoes　　　　④ the door
　　　⑤ up
　　　（　　）（2番目）（　　）（4番目）near（　　）.

　　　1. ② - ①　　　　　2. ⑤ - ③　　　　　3. ④ - ②　　　　　4. ⑤ - ①

次の問31から問40までの英文の内容に関して、質問に合う最も適切なものを1,2,3,4の中から一つ選び、マーク欄に該当する番号を塗りつぶしなさい

A

A: Ms. Suzuki, whose turn is it to play on the swing?

B: It's Rie's turn.

A: Okay, I'll wait until Rie is finished, but I hope she (①).

B: You must wait patiently. Don't worry, (②) will have a turn.

問31　会話の流れから（①）に入る最も適切なものを選びなさい。

1. wakes up　　　2. hurries up　　　3. takes off　　　4. slows down

問32　会話の流れから（②）に入る最も適切なものを選びなさい。

1. someone　　　2. anyone　　　3. everyone　　　4.anybody

B

A: Taro, can you take this drum to Ms. Kato in the next classroom?

B: Sure, but it's too heavy! I can't (①) it myself.

A: I see. Would anyone like to help Taro?

C: I will help him as soon as I finish (②) my desk.

問33　会話の流れから（①）に入る最も適切なものを選びなさい。

1. catch　　　2. make　　　3. use　　　4. carry

問34　（②）に入る最も適切なものを選びなさい。

1. cleaning　　　2. cleans　　　3. to clean　　　4. cleaned

16　　　　無断転載・複写を禁じます

C

A: Some of you eat too quickly. It's important to (①) your food carefully before swallowing.

B: My mother tells me that if I eat too fast, I might get a stomach ache.

A: That's correct, Taro. What else does she tell you?

B: Before I eat, I should always wash my hands.

A: (②).

問 35　会話の内容から（①）に入る最も適切なものを選びなさい。

1. chew　　　　　2. grab　　　　　3. leave　　　　　4. spill

問 36　会話の中で、タロウ君のお母さんは、早く食べ過ぎると何が起こると言っていますか？
　　　　最も適切なものを選びなさい。

1. 下痢　　　　　2. 便秘　　　　　3. 腹痛　　　　　4. 頭痛

問 37　会話の流れから、（②）に入る最も適切なものを選びなさい。

1. Yes, I did wash them.

2. That's exactly right.

3. You made it.

4. Okay, I'll try again.

D

A: What are things that we should (①) when we take a trip to the park?

B: Don't throw trash on the ground and never pick flowers (②) the teacher says we can.

A: Anything else?

C: We should take the trash back to school and separate burnable and non-burnable trash.

問38　会話の内容から（①）に入る最も適切なものを選びなさい。

1.hold　　　　　　2. remember　　　　3. add　　　　　　4. memory

問39　会話の内容から（②）に入る最も適切なものを選びなさい。

1. although　　　　2.when　　　　　　3.unless　　　　　4.if

問40　公園に行ったときに出たごみはどうすればよいか正しいものを選びなさい。

1. 地面に落ちているゴミは拾ってはいけないこと
2. ゴミは公園のゴミ箱にきちんと捨てること
3. ゴミは園に持ち帰ること
4. ゴミは家で燃えないゴミと燃えるゴミを分けること

第1回　問題
Listening Test

3級リスニングテストについて
（テスト開始までの一分間で下記をよく読んでください）

●このテストは第1部から第3部まであります。

●放送の間、メモを取っても構いません。

●最後の問60の後、10秒するとテスト終了の合図がありますので、筆記用具を置いて
　答えの記入をやめてください。

第1部 (Conversation 1-4)	会話と質問がそれぞれ一度読まれます。イラストを参考にしながら、会話を聞き、その質問に対して最も適切な答えを1,2,3の中から一つ選ぶ形式です。
第2部 (Conversation 5-7)	会話が一度読まれた後、質問が一度読まれます。会話を聞き、その質問に対して最も適切な答えを1,2,3の中から一つ選ぶ形式です。
第3部 (Scene 1-2)	英文が二度読まれた後、質問が一度読まれます。英文を聞き、最も適切な答えを1,2,3の中から一つ選ぶ形式です。

リスニング音源ダウンロード・試聴は下記リンクから
https://bookfore.co.jp/glh/download/

第1部

Conversation 1

問 41

1. Rie's palette was on Ms. Suzuki's desk.

2. Rie's papers were on Ms. Suzuki's shelf.

3. Mr. Minamata told Rie to use a spare palette.

問 42

1. He found it under some papers in the art room.

2. He hid the palette with some papers in the art room.

3. He found it under a shelf in the art room.

Conversation 2

問 43

1. In the classroom.

2. In the hallway.

3. In the sandbox.

問 44

1. To put the shovel in the bucket.

2. To put water in the bucket.

3. To bring only a shovel.

Conversation 3

問 45

1. The weather for today's festival.

2. What parents should bring to the festival.

3. The weather for tomorrow's festival.

問 46

1. The festival will be held indoors.

2. The festival will be cancelled.

3. There will be an outdoor festival.

Conversation 4

問 47

1. She doesn't like the color.

2. Her mother never cooks carrots.

3. She doesn't like the taste.

問 48

1. Because Ms. Suzuki said her mother would be happy.

2. Because Ms. Suzuki said her eyes will become stronger.

3. Because her mother told her to eat carrots.

 第2部

Conversation 5

問 49　　　1. Eat lunch.

2. Practice for Sports Day.

3. Go to the toilet.

問 50　　　1. The class needs to practice for Sports Day.

2. They have enough time before Sports Day.

3. Ms. Suzuki is very excited about Sports Day.

Conversation 6

問 51　　　1. At an elementary school far away from the pre-school.

2. At a pre-school next to the elementary school.

3. At an elementary school near the pre-school.

問 52　　　1. She is sorry about her experiences at the pre-school.

2. The teaching staff at the elementary school will not miss her.

3. She will miss the teaching staff at the pre-school.

Conversation 7

問 53　　　1. Castanets.

2. A drum.

3. A piano.

問 54　　　1. Playing the piano at the pre-school.

2. Singing songs he learned at the pre-school.

3. Practicing songs on the piano.

第3部

Scene 1

問 55　　1. Food is not delicious during the summer.
　　　　2. Heat makes the food go bad.
　　　　3. The summer months are not healthy.

問 56　　1. Healthy food.
　　　　2. A lot of sugar.
　　　　3. Cookies and treats.

問 57　　1. Meat.
　　　　2. Vegetables.
　　　　3. Fish.

Scene 2

問 58　　1. Before 10:30.
　　　　2. After lunchtime.
　　　　3. Around 10:30.

問 59　　1. Eat lunch with their child.
　　　　2. Talk with their child.
　　　　3. Observe the classroom.

問 60　　1. Ride in a car with other parents.
　　　　2. Share a bicycle ride with parents.
　　　　3. Take their child and others by car.

3　第2回　問題

時間	筆記	50分		
	リスニング	22分		
問題数	筆記　40問		リスニング	20問
点数	筆記　1問1点		リスニング	1問3点
解答	解答用紙（マークシート）			

注意事項　この問題の複製（コピー）転用を禁じます。また、この問題冊子の一部もしくは全部を当機構の許可なく他に伝えたり、漏洩（インターネットや携帯サイト等に掲載することを含みます）することを禁じます。

Part 1
次の問1から問5までの（　）に入る最も適切なものを1,2,3,4の中から一つ選び、マーク欄の該当する番号を塗りつぶしなさい。（マークからはみ出さないように塗りつぶすこと。マークを2つ塗ってしまったり、消しゴムの消し方が不十分だったりすると「マークの重複」になってしまう点にも注意すること。）

問1　バスに間に合うために急いで行動しなくてはいけません。
We need to move（　）so that we can catch the bus.

1. busy　　　　　2. quickly　　　　3. speed　　　　　4. early

問2　タロウ君が膝をぶつけたので、アザができました。
Taro bumped his knee and has a（　）on it.

1. cut　　　　　2. scrape　　　　　3. bruise　　　　4. scratch

問3　試合に加わってもいいですか？
Can I join（　）your game?

1. in　　　　　2. to　　　　　3. with　　　　　4. for

問4　定規を使うとまっすぐに線を書けます。
If you use a（　）, you can draw a straight line.

1. compass　　　2. protractor　　　3. ruler　　　　4. sharpener

問5　リエちゃんは一等賞ではなかったけれど、よく頑張りました。
Rie didn't get first place, but she did her（　）.

1. second　　　　2. try　　　　　3. tough　　　　4. best

次の問6から問10までの下線部の英語に合うように最も適切な日本語訳を1,2,3,4の中から一つ選び、マーク欄の該当する番号を塗りつぶしなさい。

問6　Hey, Rie, your T-shirt is on backwards. Let's fix it.

1. 逆さま　　　　2. 後ろ前　　　　3. 裏表　　　　4. 下向き

問7　Make sure to line up to get your pencils and paper.

1. 線をひく　　　2. まっすぐにする　3. 列に並ぶ　　　4. 選ぶ

問8　Ms. Suzuki, can you tuck me in after I put my pajamas on?

1. 布団を畳む　　2. 枕を出す　　　3. 子守唄を歌う　4. 寝かしつける

問9　Many children forgot to bring extra clothes today.

1. 予備の　　　　2. 不足の　　　　3. ぴったりの　　4. 汚い

問10　Taro was whining all morning because he was hungry.

1. ダラダラする　2. フラフラする　3. チラチラ見る　4. グズグズ言う

次の問11から問20までの会話について（　）に入る最も適切なものを1,2,3,4の中から一つ選び、マーク欄に該当する番号を塗りつぶしなさい。

問11　A: Do you know where we get wool from?
　　　B: Yes! From a (　).

　　　1. sheep　　　　　2. closet　　　　　3. horse　　　　　4. sweater

問12　A: Tomorrow will be your last day at this school. I think you will enjoy elementary school.
　　　B: I will miss you, Ms. Suzuki, but I am excited to (　) from this school.

　　　1. enter　　　　　2. take　　　　　3. graduate　　　　　4. retire

問13　A: What does your mother do?
　　　B: She is a (　). She works in a hospital and helps the doctors with patients.

　　　1. dentist　　　　　2. nurse　　　　　3. principal　　　　　4. pharmacy

問14　A: Ms. Suzuki, Taro is not (　). He won't help clean up.
　　　B: Okay. I will have a talk with him and make sure he works with you to clean up.

　　　1. together　　　　　2. cooperating　　　　　3. wash　　　　　4. supporting

問15　A: You were kind to (　) us your sewing machine to make costumes for the performance.
　　　B: I don't use it much, so it was my pleasure. Let me know if you need it again.

　　　1. borrow　　　　　2. rent　　　　　3. give　　　　　4. lend

問16　A: Oh no! It's starting to rain!
　　　B: Hurry! We need to (　) the sandbox with plastic!

　　　1. cover　　　　　2. lid　　　　　3. open　　　　　4. empty

問 17　A: How can we connect these pieces of paper together?
　　　　B: I know! We can use (　)!

　　　　1. sticky　　　　　　2. a hole-punch　　　3. a thumbtack　　　4. glue

問 18　A: Tomorrow we are going to take a (　) to the zoo.
　　　　B: I want to see monkeys and elephants.

　　　　1. travel　　　　　　2. sightseeing　　　　3. tour　　　　　　4. field trip

問 19　A: It's really cold outside. Can you (　) the door, please?
　　　　B: Oh, sorry. I forgot. I was in a hurry to get out of the snow.

　　　　1. shut　　　　　　　2. slam　　　　　　　3. push　　　　　　4. block

問 20　A: Make sure to (　) the bar tight or you will fall.
　　　　B: Yes. I fell down last time.

　　　　1. take　　　　　　　2. shake　　　　　　3. swing　　　　　4. grip

次の問 21 から問 25 までの英文の質問に合う最も適切なものを 1,2,3,4 の中から一つ選び、マーク欄に該当する番号を塗りつぶしなさい。

問 21　What tool is used to gather up leaves in the garden?

1. brush
2. shovel
3. rake
4. scoop

問 22　What would a teacher say to children who are playing too rough?

1. More slowly!
2. Take your time!
3. Go away!
4. Settle down!

問 23　What would a child say to get permission to go outside?

1. I'm going outside right now.
2. Do I have to go outside?
3. May I go outside?
4. I'm ready to go outside and play.

問 24　If a child says "Oops!", what does it mean?

1. The child made a mistake.
2. The child was hurt.
3.The teacher scolded the child.
4. The child ate too much food and is done eating.

問 25　What would the teacher NOT say to children to praise them?

1. You did a fantastic job!

2. I'm so proud of you!

3. Way to go!

4. Watch out!

次の問 26 から問 30 までの日本文の意味に合うように単語を並べ替えなさい。そして、2番目と4番目に該当する最も適切な組み合わせを選び、マーク欄の該当する番号を塗りつぶしなさい。（文頭に来る単語も小文字表記になっています）

問 26　水分を十分にとって下さい。

① sure　　　　② be　　　　③ enough　　　　④ to
⑤ water　　　⑥ drink
(　　　)（2番目) (　　　)（4番目) (　　　) (　　　).

1. ② - ④　　　2. ③ - ⑤　　　3. ① - ⑥　　　4. ⑤ - ②

問 27　お母さんが5時にお迎えにきますよ。
① five o'clock　　② pick　　　③ up　　　④ you
⑤ will　　　　　⑥ your　　　⑦ mother
(　　　)（2番目) (　　　)（4番目) (　　　) (　　　) at (　　　).

1. ⑦ - ②　　　2. ③ - ⑥　　　3. ⑦ - ④　　　4. ⑤ - ③

問 28　おもちゃの片付けを手伝ってくれる？
① clean　　　② toys　　　③ help　　　④ up
⑤ can　　　　⑥ you　　　⑦ the
(　　　)（2番目) (　　　)（4番目) (　　　) (　　　) (　　　) ?

1. ② - ⑦　　　2. ③ - ②　　　3. ⑤ - ①　　　4. ⑥ - ①

問 29　お歌の時間のために一緒に集まりましょう。
① time　　　② gather　　　③ for　　　④ let's
⑤ together　　⑥ singing
(　　　)（2番目) (　　　)（4番目) (　　　) (　　　).

1. ⑥ - ②　　　2. ⑤ - ②　　　3. ② - ③　　　4. ③ - ⑤

問30　子ども達が水着に着替えました。
　　　① swimming　　　② changed　　　③ the　　　　　④ into
　　　⑤ their　　　　　⑥ suits　　　　　⑦ children
　　　(　　　)（2番目)(　　　)（4番目)(　　)(　　)(　　).

　　　1. ⑦ - ③　　　　2. ⑦ - ④　　　　3. ② - ④　　　　4. ② - ⑤

　　　　　　　無断転載・複写を禁じます

次の問31から問40までの英文の内容に関して、質問に合う最も適切なものを 1,2,3,4 の中から一つ選び、マーク欄に該当する番号を塗りつぶしなさい

A

A:　Thank you for helping Rie eat her lunch, Ms. Suzuki.

B:　Oh, it's no problem. She is getting better at eating everything in her lunch box.

A:　We are trying to get her on a（①）to eat regularly rather than eating snacks all day.

B:　That sounds like a good plan. Let me know if I can do（②）!

問31　会話の流れから（①）に入る最も適切なものを選びなさい。

1.regular　　　　2. custom　　　　3. practice　　　　4. routine

問32　会話の流れから（②）に入る最も適切なものを選びなさい。

1.nothing　　　　2. anything　　　　3. everything　　　　4. somewhat

B

A:　I slept without my diaper last night!

B:　I'm（①）of you, Taro. You have been a good boy!

A:　I still want to wear a diaper because I might have（②）.

B:　I understand.

問33　会話の流れから（①）に入る最も適切なものを選びなさい。

1. proud　　　　2. happy　　　　3. satisfied　　　　4. please

問34　会話の内容から（②）に入る最も適切なものを選びなさい。

1. a restroom　　　　2. an accident　　　　3. a messy　　　　4. an explanation

C

A:　Today we are going to the park to (①) the forest.

B:　I want to catch some (②) and take them home to show my dad.

A:　You can catch them, but you must release them later. We can't bring them on the bus.

B:　But my dad wanted me to bring them home to add to my bug collection.

A:　I'm sorry, Taro, but we must follow the rules. Maybe you can come back with your father on the weekend and catch them.

問35　会話の内容から（①）に入る最も適切なものを選びなさい。

1. explore   2. invite   3. find   4. inquire

問36　会話の内容から（②）に入る最も適切なものを選びなさい。

1. squirrels   2. beetle   3. snakes   4. acorns

問37　会話の流れから、週末にタロウ君はお父さんと何をしますか？

1. キャンプに行く
2. バスに乗る
3. キャッチボールをする
4. 虫を取りに行く

D

A: Rie, it is your turn to choose the book for reading time tomorrow. Have you already (①) on one yet?

B: (②)? My mom just gave me a new book.

A: Yes, but I will talk with your mother when she picks you up to make sure it's okay.

B: I am excited to share it with the class. It's about a girl who goes on an adventure.

A: Sounds fun! Make sure to write your name in the book so that you don't lose it.

B: Good idea. It's my favorite book!

問38　会話の内容から (①) に入る最も適切なものを選びなさい。

1. chose　　　　　2. accepted　　　　　3. found　　　　　4. decided

問39　B(りえちゃん) は保育園に家から本を持ってきたいと思っています。
（ ② ）に入る最も適切なものを選びなさい。

1. Is it okay to bring a book from home

2. Can I take my book home

3. What book can I bring from home

4. Can I read from home

問40　先生はリエちゃんに何を注意しましたか？

1. なくさないように本に住所を書くこと

2. 一番好きな本を園に持ってくること

3. 楽しい本を持ってくること

4. 本に名前を書くこと

第2回　問題
Listening Test

3級リスニングテストについて
（テスト開始までの一分間で下記をよく読んでください）

●このテストは第1部から第3部まであります。
●放送の間、メモを取っても構いません。
●最後の問60の後、10秒するとテスト終了の合図がありますので、筆記用具を置いて
　答えの記入をやめてください。

第1部 (Conversation 1-4)　　会話と質問がそれぞれ一度読まれます。イラストを参考にしな　が
　　　　　　　　　　　　　　ら、会話を聞き、その質問に対して最も適切な答えを1,2,3の中から
　　　　　　　　　　　　　　一つ選ぶ形式です。

第2部 (Conversation 5-7)　　会話が一度読まれた後、質問が一度読まれます。会話を聞き、その質
　　　　　　　　　　　　　　問に対して最も適切な答えを1,2,3の中から一つ選ぶ形式です。

第3部 (Scene 1-2)　　　　　　英文が二度読まれた後、質問が一度読まれます。英文を聞き、最も適
　　　　　　　　　　　　　　切な答えを1,2,3の中から一つ選ぶ形式です。

 リスニング音源ダウンロード・試聴は下記リンクから
https://bookfore.co.jp/glh/download/

 第1部

Conversation 1

問 41

1. She was okay.

2. She cried.

3. She called her parents.

問 42

1. On a shelf.

2. On Mr. Minamata's desk.

3. On some papers.

Conversation 2

問 43

1. A shovel.

2. A tunnel.

3. A bucket.

問 44

1. In the sandbox.

2. In the classroom.

3. In the pool.

Conversation 3

問 45
1. The Sports Festival is cancelled.
2. The weather report for the Sports Festival.
3. A list of items needed for the Sports Festival.

問 46
1. The Sports Festival will be fine.
2. The Sports Festival will be held in the school.
3. The Sports Festival will be shorter.

Conversation 4

問 47
1. The flavor.
2. The texture.
3. The preparation.

問 48
1. Your vision will improve.
2. You can chew better.
3. Your mother will scold you.

 第2部

Conversation 5

問 49　　1. In the morning.

2. In the afternoon.

3. In the evening.

問 50　　1. Because it's Sports Day.

2. Because there's a long line to the toilet.

3. Because they need to practice for Sports Day.

Conversation 6

問 51　　1. At a pre-school.

2. At an elementary school.

3. At a day-care center.

問 52　　1. She is happy to leave.

2. She wasn't successful.

3. She enjoys her co-workers.

Conversation 7

問53　　1. The piano

　　　　2. The music teacher

　　　　3. The playroom

問54　　1. She sings songs.

　　　　2. She practices the piano.

　　　　3. She enjoys the music room.

第3部

Scene 1

問 55　　1. Every Thursday.

2. Next Thursday.

3. One Thursday a month.

問 56　　1. No sugar is allowed.

2. Only include chicken and meat.

3. Make sure the food is safe to eat.

問 57　　1. Including decorations.

2. Adding cookies.

3. Making it healthy.

Scene 2

問 58　　1. At 10:30.

2. Around noon.

3. At the end of the day.

問 59　　1. They should eat lunch with the children.

2. They should pay attention to the teacher.

3. They should observe quietly.

問 60　　1. Bicycle.

2. Scooter.

3. Car.

3　第3回　問題

時間	筆記	50分		
	リスニング	22分		
問題数	筆記　40問		リスニング	20問
点数	筆記　1問1点		リスニング	1問3点
解答	解答用紙（マークシート）			

注意事項　　この問題の複製（コピー）転用を禁じます。また、この問題冊子の一部もしくは全部を当機構の許可なく他に伝えたり、漏洩（インターネットや携帯サイト等に掲載することを含みます）することを禁じます。

Part 1
次の問1から問5までの（　）に入る最も適切なものを 1,2,3,4 の中から一つ選び、マーク欄の該当する番号を塗りつぶしなさい。（マークからはみ出さないように塗りつぶすこと。マークを2つ塗ってしまったり、消しゴムの消し方が不十分だったりすると「マークの重複」になってしまう点にも注意すること。）

問1　手を洗ったら、蛇口を閉めてね。

When you finish washing your hands, turn off the (　　).

1. drain　　　　　2. towel　　　　　3. faucet　　　　　4. dirt

問2　今日は絵を描きますから、パレットと筆を準備してください。

Today we are going to do some painting, so get your palettes and paint brushes (　　).

1. ready　　　　　2. prepare　　　　　3. arrange　　　　　4. near

問3　よちよち歩き始めたぐらいの幼児に対しては、とても忍耐が大切です。

It's important to be very patient with (　　).

1. infants　　　　　2. caregivers　　　　　3. babies　　　　　4. toddlers

問4　先生、帽子がみつからない！

Teacher, I can't (　　) my hat!

1. search　　　　　2. find　　　　　3. look　　　　　4. catch

問5　名前を書く時は、ゆっくり書いてくださいね。

(　　) when writing your name.

1. Have a break　　　　2. Make it nice　　　　3. Take your time　　　　4. Rush it over

次の問6から問10までの下線部の英語に合うように最も適切な日本語訳を1,2,3,4の中から一つ選び、マーク欄の該当する番号を塗りつぶしなさい。

問6　Please <u>encourage</u> the students to eat everything on their plate.

1. 確かめる　　　　2. なだめる　　　　3. 無理をさせる　　　4. 励ます

問7　Let's play on the <u>swings</u>!

1. 滑り台　　　　2. 鉄棒　　　　3. ブランコ　　　4. 遊具

問8　Kid's Patio has created a positive learning <u>environment</u>.

1. 環境　　　　2. 教育　　　　3. しつけ　　　4. 気候

問9　I think I have a cold because I have a terrible <u>cough</u>.

1. 鼻水　　　　2. 喉　　　　3. くしゃみ　　　4. 咳

問10　Please be careful when carrying the water buckets. We don't want water to <u>spill</u>.

1. 滑る　　　　2. こぼす　　　　3. 転ぶ　　　　4. そそぐ

次の問11から問20までの会話について（　）に入る最も適切なものを1,2,3,4の中から一つ選び、マーク欄に該当する番号を塗りつぶしなさい。

問11　A: Oh! I made a mess! Can I have a towel?
　　　B: Here you are. Please (　) the table clean.

　　　1. wipe　　　　2. remove　　　　3. washing　　　　4. mop

問12　A: I feel really hot!
　　　B: You should go to the nurse's office to check your (　).

　　　1. thermometer　　2. heat　　　　3. temperature　　4. chill

問13　A: Tomorrow is our field trip, so (　) needs to bring their lunch.
　　　B: I will help my mother make it tomorrow morning!

　　　1. anyone　　　2. everyone　　　3. someone　　　4. anybody

問14　A: Which animal has a long nose?
　　　B: Oh, I know! (　)!

　　　1. A snake　　　2. A giraffe　　　3. An elephant　　　4. A rhinoceros

問15　A: Rie, look! Your shoelace has become untied. Let me help you.
　　　B: Thanks, Ms. Suzuki, but I can tie it (　).

　　　1. myself　　　2. yourself　　　3. alone　　　4. helpless

問16　A: Taro hasn't been to school for three days.
　　　B: Yes, I'm getting (　). We should call his parents to see what's happening.

　　　1. afraid　　　2. worried　　　3. nervous　　　4. problem

問17　A: Hey! We need to (　　) going down the slide!
　　　B: Yes, please go one at a time and no cutting!

　　　1. meet up　　　　2. wait up　　　　3. hold off　　　　4. take turns

問18　A: Ms. Suzuki, can I go inside and get my jacket?
　　　B: Yes, just make sure to (　　) your shoes when you go in.

　　　1. wear out　　　　2. take off　　　　3. put off　　　　4. put out

問19　A: My tooth really hurts!
　　　B: You should have that checked. Your tooth might have (　　).

　　　1. a dentist　　　　2. an illness　　　　3 a bite　　　　4 a cavity

問20　A: I'm looking forward to using the pool today. Where should I change?
　　　B: First, the boys and girls need to (　　). Girls stay in the classroom and the boys go to the
　　　　　pool area.

　　　1. separate　　　　2. division　　　　3. apart　　　　4. remove

次の問 21 から問 25 までの英文の質問に合う最も適切なものを 1,2,3,4 の中から一つ選び、マーク欄に該当する番号を塗りつぶしなさい。

問 21　What should a child do after being told her shirt is inside out?

　　　　1. Put her shirt in the washing machine.

　　　　2. Bring an extra shirt to change into.

　　　　3. Fix her shirt so it's on the right way.

　　　　4. Take her shirt inside the classroom.

問 22　Which of the following is something that cannot be worn?

　　　　1. a smock　　　　2. a palette　　　　3. a diaper　　　　4. a bib

問 23　What would happen if a child let go of the horizontal bar?

　　　　1. He would fall to the ground.

　　　　2. He would swing higher.

　　　　3. He would flip over the bar.

　　　　4. He would swing to the next bar.

問 24　What would a teacher say to a child who did something especially good?

　　　　1. You must feel left out!

　　　　2. Let me give you a hand!

　　　　3. I'm so proud of you!

　　　　4. You look like you are upset!

問25　Which of the following is NOT an outdoor activity?

　　　1. a game of freeze tag
　　　2. practicing for a play
　　　3. playing hide-and-seek
　　　4. kick the can

次の問 26 から問 30 までの日本文の意味に合うように単語を並べ替えなさい。そして、2 番目と 4 番目に該当する最も適切な組み合わせを選び、マーク欄の該当する番号を塗りつぶしなさい。（文頭に来る単語も小文字表記になっています）

問 26　明日ママに早めにお迎えにきてもらうように伝えてね。

① your　　　　② to pick　　　　③ up　　　　④ mother

⑤ you　　　　⑥ tell

（　　）（ 2 番目 ）（　　）（ 4 番目 ）（　　）（　　）early tomorrow.

1. ④ - ⑥　　　　2. ① - ②　　　　3. ⑤ - ③　　　　4. ⑥ - ①

問 27　お箸の使い方がとても上手ね。

① chopsticks　　　② at　　　　③ good　　　　④ very

⑤ using　　　　⑥ are

You （　　）（ 2 番目 ）（　　）（ 4 番目 ）（　　）（　　）.

1. ⑥ - ⑤　　　　2. ⑤ - ④　　　　3. ③ - ⑤　　　　4. ④ - ②

問 28　みんなが静かになったらはじめます。

① begin　　　　② when　　　　③ quiet　　　　④ everyone

⑤ will　　　　⑥ is

We （　　）（ 2 番目 ）（　　）（ 4 番目 ）（　　）（　　）.

1. ⑥ - ④　　　　2. ③ - ①　　　　3. ④ - ⑥　　　　4. ① - ④

問 29　指にばんそうこうを付けた方がいいね。

① finger　　　　② a bandage　　　　③ should　　　　④ on

⑤ your　　　　⑥ put

You （　　）（ 2 番目 ）（　　）（ 4 番目 ）（　　）（　　）.

1. ⑥ - ④　　　　2. ④ - ⑤　　　　3. ② - ⑤　　　　4. ② - ⑥

問30　お手洗いを使う必要がありますか？

① need　　　　② the restroom　　　③ use　　　　④ you

⑤ do　　　　⑥ to

(　　)（2番目）(　　)（4番目）(　　)(　　)?

1. ⑤ - ②　　　　2. ④ - ⑥　　　　3. ③ - ①　　　　4. ① - ③

次の問 31 から問 40 までの英文の内容に関して、質問に合う最も適切なものを 1,2,3,4 の中から一つ選び、マーク欄に該当する番号を塗りつぶしなさい

Conversation 1

A: Let's play hospital! You be the (①) and I'll be the doctor.

B: I always have to play the sick person.

A: I want to be a doctor when I grow up, so I need to (②).

B: Okay. Next time I want to be the doctor, though.

問 31　　会話から（①）に入る最も適切なものを選びなさい。

1. patient　　　　2. nurse　　　　3. operation　　　4. hospital

問 32　　会話から（②）に入る最も適切なものを選びなさい。

1. do　　　　　　2. practice　　　3. force　　　　　4. doctor

問 33　　B さんはどうして不満なのですか？

1. B doesn't like hospitals.

2. B won't be a doctor in the future.

3. B is tired of doing the same thing.

4. B has to be the doctor next.

Conversation 2

　A: Today we are going to make Halloween masks.

　B: I don't like Halloween it's too (①) for me!

　A: Don't worry. You will be safe at the school. We are all friends.

　C: Yes. You can make a friendly mask. Halloween isn't just about ghosts.

　B: I guess you're right. Then, I want to make a friendly pony (②)!

問34　会話から（①）に入る最も適切なものを選びなさい。

　1. scared　　　　　2. scary　　　　　3. scare　　　　　4. scaring

問35　会話から（②）に入る最も適切なものを選びなさい。

　1. costume　　　　2. style　　　　　3. equipment　　　4. suits

問36　A先生はどうやってBさんをなぐさめようとしましたか？

　1. She reminded the child that Halloween is not safe.

　2. She told the child to make a nice mask.

　3. She said that the school isn't dangerous.

　4. She became friends with the child.

Conversation 3

    A: Okay, everyone. It's time to wake up.

    B: I'm still sleepy. Can I sleep (①)?

    A: No. We need to use the floor for the next activity.

    B: Then, I can sleep in the hallway!

    A: If you sleep more, you won't be able to sleep at your (②) tonight.

    B: Okay. (③).

問 37　　会話から（①）に入る最も適切なものを選びなさい。

    1. over   2. later   3. ever   4. longer

問 38　　会話から（②）に入る最も適切なものを選びなさい。

    1. bedtime   2. room   3. alarm   4. night

問 39　　会話から（③）に入る最も適切なものを選びなさい。

    1. Wake up   2. I'm sleeping   3. I'll get up   4. I'll go to the hallway

問 40　　どうして B さんが起きないといけないか？

    1. He needs to line up in the hallway.

    2. The room will be used soon.

    3. He slept too much.

    4. The hallway is being used.

第3回　問題
Listening Test

3級リスニングテストについて
（テスト開始までの一分間で下記をよく読んでください）

●このテストは第1部から第3部まであります。

●放送の間、メモを取っても構いません。

●最後の問60の後、10秒するとテスト終了の合図がありますので、筆記用具を置いて
　答えの記入をやめてください。

第1部 (Conversation 1-4)	イラストを参考にしながら、質問に対して最も適切な答えを1,2,3の中から一つ選んでください。会話と質問が一回ずつ放送されます。
第2部 (Conversation 5-7)	会話を聞き、質問に対して最も適切な答えを1,2,3の中から一つ選んでください。
第3部 (Scene 1-2)	英文を聞き最も適切な答えを1,2,3の中から一つ選んでください。英文が二回放送され、質問が一回放送されます。

 リスニング音源ダウンロード・試聴は下記リンクから
https://bookfore.co.jp/glh/download/

第1部

Conversation 1

問41

1. A lesson about healthy food.

2. A lesson about growing plants.

3. A lesson about cooperation.

問42

1. Next week.

2. As soon as possible.

3. In the spring.

Conversation 2

問43

1. Mr. Minamata

2. Ms. Suzuki

3. Principal Yamada

問44

1. Check the attendance again.

2. Talk with Principal Yamada.

3. Look at the assignment sheet.

Conversation 3

問 45

1. Taro's father wants to take them to work.

2. The school doesn't allow snacks.

3. The cookies are not sealed.

問 46

1. Making cookies.

2. Going to work.

3. Having lunch with coworkers.

Conversation 4

問 47

1. The elephants might not be there.

2. The weather might be bad.

3. The children want to go another time.

問 48

1. That they go after typhoon season.

2. That they cancel the zoo trip and go to the science museum.

3. That she can go along for the rescheduled field trip.

 第2部

Conversation 5

問 49　　1. When the parents pick up their children.

2. During the children's class.

3. After school is finished.

問 50　　1. The work schedule.

2. The discussion topic.

3. The food and drinks.

Conversation 6

問 51　　1. The doctor said that he shouldn't play outside.

2. Taro's mother is in a meeting.

3. Taro might become sick.

問 52　　1. His father.

2. His grandmother.

3. Nobody can come pick him up.

Conversation 7

問 53　　1. Picture books.

2. Singing the alphabet song.

3. Foreign language.

問 54　　1. She wants to study the English alphabet first.

2. She wants to come up with a lesson plan.

3. Mr. Minamata is too busy today.

第3部

Scene 1

問 55　　1. Two.
　　　　　2. Three.
　　　　　3. Four.

問 56　　1. To save money.
　　　　　2. To help children's imaginations.
　　　　　3. To get rid of old books.

問 57　　1. This week.
　　　　　2. Next week.
　　　　　3. After they pay money.

Scene 2

問 58　　1. The children put the wrong garbage there.
　　　　　2. There are many bugs around the area.
　　　　　3. It smells bad.

問 59　　1. Scold them when they are wrong.
　　　　　2. Kindly ask them to put the toys away correctly.
　　　　　3. Show them how to do it.

問 60　　1. At the end of the day.
　　　　　2. After the garbage is taken away.
　　　　　3. When Mr. Minamata calls Ms. Suzuki.

解答解説

3 第1回 問題

解答解説

ABC

３級第１回　解答

問1	1		問21	3		問41	3
問2	2		問22	2		問42	1
問3	4		問23	1		問43	3
問4	2		問24	3		問44	2
問5	1		問25	4		問45	2
問6	1		問26	4		問46	1
問7	3		問27	3		問47	3
問8	4		問28	2		問48	2
問9	4		問29	1		問49	3
問10	1		問30	2		問50	1
問11	4		問31	2		問51	3
問12	2		問32	3		問52	3
問13	1		問33	4		問53	3
問14	3		問34	1		問54	2
問15	4		問35	1		問55	2
問16	3		問36	3		問56	1
問17	4		問37	2		問57	3
問18	1		問38	2		問58	21
問19	2		問39	3		問59	2
問20	2		問40	3		問60	1

問1　　正解　　1　　　　fever
　　　解説　　1.[fever] は熱、2[medicine] は薬、3[mask] はマスク、4[bruise] は傷という意味です。

問2　　正解　　2　　　　absent
　　　解説　　1.[early] は早い、2.[absent] は欠席、3.[sad] は悲しい、4.[sorry] は気の毒に思うという意味です。

問3　　正解　　4　　　　off
　　　解説　　1.[on] は前置詞で today の前にはつきません。2.[somewhere] はどこか、3.[late] 遅い、4.[off] はお休みという意味です。

問4　　正解　　2　　　　loudly
　　　解説　　1.[carefully] は注意深く、2.[loudly] は大きな声で、3.[quickly] は早く、4.[suddenly] は突然にという意味です。

問5　　正解　　1　　　　choose
　　　解説　　1.[choose] は選ぶ、2.[watch] は見る、3.[return] は返す、4.[make] は作るという意味です。

問6　　正解　　1　　　　交替でやる
　　　解説　　1.[交替でやる] は [take turn]、2.[参加する] は [participate]、3.[返す] は [return]、4.[降ろす] は [put down] という意味です。
　　　和訳　　みなさん、全員交替でドラムをたたきますから並んでください。

問7　　正解　　3　　　　落とした
　　　解説　　1.[鳴らした] は [sounded]、2.[なくした] は [lost]、3.[落とした] は [dropped]、4.[吹いた] は [blew] という意味です。
　　　和訳　　タロウくんが楽器を床に落としたときドスンと大きな音がしました。

問8　　　正解　　　4　　　　裏返し

　　　　解説　　　1.[後ろ前] は [back to front]、2.[逆さまに] は [upside down]、3.[回転している] は、[revolving]、4.[裏返し] は [inside out] という意味です。

　　　　和訳　　　おっと！タロウくん、シャツが裏返しだよ。

問9　　　正解　　　4　　　　掛ける

　　　　解説　　　1.[入れる] は [put]、2.[乾かす] は [dry]、3.[濡らす] は [wet]、4.[掛ける] は [hang] という意味です。

　　　　和訳　　　手を洗った後タオルはどこに掛けたらいいですか？

問10　　　正解　　　1　　　　つまずいた

　　　　解説　　　1.[つまずいた] は [tripped]、2.[蹴った] は [kicked]、3.[落ちた] は [fell]、4.[ぶつけた] は [hit] という意味です。

　　　　和訳　　　昨日、リエちゃんは石につまずいて、ひざをすりむきました。

問11　　　正解　　　4　　　　shelf

　　　　解説　　　1.[drying rack] は [乾燥棚]、2.[window] は [窓]、3. [ceiling] は [天井]、4.[shelf] は [棚] という意味です。

　　　　和訳　　　A: スズキ先生、カスタネットはどこに置いたらいいですか？

　　　　　　　　　B: いつもの棚の上に置いてね。

問12　　　正解　　　2　　　　dry

　　　　解説　　　1.[wash] は [洗う]、2. [dry] は [乾く]、3.[clean] は [きれいにする]、4.[cover] は、[覆う] という意味です。

　　　　和訳　　　A:　タロウくん、終わったら自分のパレットを持ってきてちょうだい。

　　　　　　　　　B:　わかった、絵の具が乾くまでちょっと待っているんだ。

問13　　　正解　　　1　　　　already

　　　　解説　　　1.[already] は [すでに]、2.[sometimes] は時々、3.[soon] は [まもなく]、4.[never] は [強い否定] を表す言葉です。

　　　　和訳　　　A:　リエちゃん、またダンスの練習したい？

　　　　　　　　　B:　今日は４回も練習したから疲れちゃった。

問 14　　正解　　3　　　　myself

　　　　解説　　1.[himself] は [彼自身]、2.[itself] は [それ自体]、3.[myself] は [私自身]、4.[yourself]
　　　　　　　は [あなた自身] という意味です。

　　　　和訳　　A: リエちゃん、タロウくんに椅子を運ぶのを手伝ってもらう？
　　　　　　　B: 大丈夫、自分でできます。

問 15　　正解　　4　　　　take your time

　　　　解説　　1.[make your time] は [時間をつくる]、2.[save time] は [時間を節約する]、
　　　　　　　3.[keep time] は [時間を守る]、4.[take your time] は [ゆっくりする] という意味
　　　　　　　す。

　　　　和訳　　A: バスの乗り降りの時はゆっくりと急がないでくださいね。
　　　　　　　B: はい、スズキ先生。

問 16　　正解　　3　　　　found

　　　　解説　　1.[find] は [見つける]、2.[am finding] は I が主語のときの現在進行形、3.[found]
　　　　　　　は find の過去形 4.[will find] は find の未来形です。

　　　　和訳　　A: だれかソックス片方なくしていませんか？入口の近くで見つけましたよ。
　　　　　　　B: 青いのなら私のです。

問 17　　正解　　4　　　　faucet

　　　　解説　　1.[cap] は [キャップ]、2.[cover] は [ふた]、3.[socket] は [ソケット]、4.[faucet]
　　　　　　　は [蛇口] という意味です。

　　　　和訳　　A: シンク (手洗い場) を最後に使った人はだれ？
　　　　　　　B: 私です、スズキ先生。
　　　　　　　A: 次は蛇口を閉めるのを忘れないでね。

問 18　　正解　　1　　　　hurts

　　　　解説　　1.[hurts] は [痛む]、2.[stops] は [止める]、3.[goes] は [行く]、4.[snaps] は [パ
　　　　　　　チンと鳴らす] という意味です。

　　　　和訳　　A: リエちゃん、どうしてランチ全部食べなかったの？
　　　　　　　B: 歯が痛くて噛むと痛いの。
　　　　　　　A: そうだったわ、ママが今朝そう言ってたのよね、忘れてたわ。

問 19　　正解　　2　　　　ready

解説　1.[late] は [遅れて]、2.　[ready] は [用意が出来ている]、3.[upset] は [動揺する]、4.[funny] は [おかしい] という意味です。

和訳　A: さあみなさん、プールの時間ですよ！
B: 僕、準備できてるよ、スズキ先生、最初に入ってもいいですか？
A: だめですよ、タロウくん。他のみんなと列に並んで待たないとダメですよ。

問 20　　正解　　2　　　　future

解説　1.[past] は [過去]、2.[future] は [将来]、3.[present] は [現在]、4.[meantime] は [その間] という意味です。

和訳　A: リエちゃん大きくなったら将来何になりたいの？
B: お医者さんになりたいです。

問 21　　正解　　2　　　　just 10

解説　1.[more than 10] は [10 以上]、2.[just 10] は [10 きっかり]、3. [under 10] は [10 以下]、4.[less than 10] は [10 未満] という意味です。

和訳　クラスに子どもたちが 20 名いて、先生が「2 列になって」と言ったら、それぞれの列はちょうど何人ずつになりますか？

問 22　　正解　　2　　　　Walk at a slow pace and be silent.

解説　1.[Be talkative and walk as fast as you can] は [おしゃべりしてできるだけ早く歩くこと]、2.[Walk at a slow pace and be silent] は [ゆっくり歩いて静かにすること]、3.[Talking is allowed if you are walking slowly] は [ゆっくり歩いているのならばおしゃべりをしてもよい]、4.[While you are talking walk slowly] は [おしゃべりしている間はゆっくり歩くこと] という意味です。

和訳　[ゆっくり歩いておしゃべりはしないこと」と同じ意味は以下のどれでしょう？

問23　正解　1　　Push the child in front of you when climbing up the ladder.

解説　1.[Push the child in front of you when climbing up the ladder] は [はしごをのぼるとき前にいる子を押しなさい]、2.[It's not okay to skip in front of someone, please be patient] は [他の人の前に横入りしてはいけません、我慢しなさい]、3.[Wash your hands after playing in the sandbox] は [砂場で遊んだ後は手を洗いなさい]、4.[You must hold on tight with both hands on the chin-up bar] は [鉄棒では両手をしっかり握りましょう] という意味です。

和訳　先生が運動場で子どもたちにするように指示しないことは次のどれですか？

問24　正解　3　　Remember not to slam the door.

解説　1.[Don't close the door when someone is in the way] は [だれかいるときはドアを閉めないで]、2.[Please make a loud noise before closing the door] は [ドアを閉める前に大きな音を立ててください]、3.[Remember not to slam the door] は [ドアは強く閉めないことを覚えておいて]、4.[Be sure the door is tightly closed] は [ドアはしっかりと閉めて] という意味です。

和訳　先生が子供にドアをやさしく閉めるよう言うときはどういう言い方になるでしょう？

問25　正解　4　　That looks yummy!

解説　1[Where should I wash friend's hands?] は { どこで友だちの手を洗うのですか？ }、2. [My lunchbox is too picky] は [私のお弁当は好き嫌いの好みが激しい]、3. [Is it okay to finish eating now?] は [食べ終わってもいいですか？]、4. [That looks yummy!] は [おいしそう！] という意味です。

和訳　お昼ご飯を食べる前に子供が言うことばはどれでしょう？

問26　正解　4 ④－⑤

全文　I look forward to seeing you tomorrow.

解説　[look forward to 〜 ing] で [〜するのを楽しみにする] という意味です。

問27　正解　3 ①－④

全文　I'm going to return your notebook the day after tomorrow.

解説　[return] は [返す]、[明後日] は [the day after tomorrow] という意味です。

問28　　正解　　2　　　　④−⑥
　　　　全文　　Please be quiet and go to sleep now.
　　　　解説　　[be quiet] は [静かにしなさい] という命令形、and は付け加える表現になります。

問29　　正解　　1　　　　④−①
　　　　全文　　Can you pick up the trash after eating lunch?
　　　　解説　　[pick up] は [拾う]、[trash] は「ゴミ」という意味です。

問30　　正解　　2　　　　⑤−③
　　　　全文　　Line up your shoes near the door now.
　　　　解説　　[line up] は [並べる]、[靴] は [shoes] という意味です。

A　　　英文理解のための補助和訳

　　　A:　スズキ先生、ブランコに乗る順番は誰ですか？
　　　B:　リエちゃんの番よ。
　　　A:　わかった、リエちゃんが終わるまで待つけど、早くしてくれるといいな。
　　　B:　我慢して待ってね。大丈夫よ、みんな順番が来るからね。

問31　　正解　　2　　　　hurries up
　　　　解説　　1.[wakes up] は [目覚める]、2.[hurries up] は [急ぐ]、3.[takes off] は [離陸する]、4.[slows down] は [（スピードを）ゆるめる] という意味です。

問32　　正解　　3　　　　everyone
　　　　解説　　1.[someone] は [誰か]、2.[anyone] は [誰でも]、3.[everyone] は [みんな]、4.[anybody] は [誰でも] という意味です。いずれも似たような意味ですが、文中の意味、用法によってそれぞれの単語使われ方が異なります。

B　　　英文理解のための補助和訳

A:　タロウくん、このドラムを隣の教室のカトウ先生に持って行ってくれますか？

B:　はい、でも重すぎるよ！ぼくひとりで運べないよ。

A:　そうね。だれかタロウくんを手伝ってくれるかな？

C:　ぼくの机の掃除が終わったら手伝います。

問 33　　正解　　4　　　carry
　　　　　解説　　1.[catch] は [捕まえる]、2.[make] は [作る]、3.[use] は [使う]、4.[carry] は [運ぶ] という意味です。

問 34　　正解　　1　　　cleaning
　　　　　解説　　[clean] は [掃除する] という意味です。1.[cleaning] は clean の動名詞で、動詞 finish の後にきます。2.[cleans] は 3 人称単数の場合、3.[to clean] は不定詞の用法、4.[cleaned] は過去形です。

C　　　英文理解のための補助和訳

A: 食べるのが早すぎる人がいます。飲み込む前によく噛むことが大切です。

B: ママが早く食べるとお腹が痛くなるよと言うよ。

A: そうよ、タロウくん。ほかに何か言われた？

B: 食べる前に必ず手を洗いなさいって。

A: その通りね。

問 35　　正解　　1　　　chew
　　　　　解説　　1.[chew] は [噛む]、2.[grab] は [捕まえる]、3.[leave] は [離れる]、4. [spill] は [こぼす] という意味です。

問 36　　正解　　3　　　腹痛
　　　　　解説　　3.[stomach ache] は [胃痛、腹痛] という意味です。

問37　　正解　　2　　That's exactly right.
　　　　解説　　1.[Yes, I did wash them] は [はい、確かに洗いました]、2.[That's exactly right] は [その通り]、3.[You made it] は [やったね]、4.[Okay, I'll try again] は [わかりました、もう一度やります] という表現です。

D　　　　英文理解のための補助和訳
　　　　A: 公園へ行くときに覚えておかなければいけないことは何ですか？
　　　　B: 地面にゴミを落とさないことと先生がよいと言わないかぎり花をつんではいけません。
　　　　A: 他にはある？
　　　　C: ゴミは園に持ち帰ることと燃えるゴミと燃えないゴミに分けることです。

問38　　正解　　2　　　　remember
　　　　解説　　1.[hold] は [持つ]、2.[remember] は [心に留める]、3.[add] は [付け加える]、4.[memory] は [思い出] という意味です。

問39　　正解　　3　　unless
　　　　解説　　1.[although] は [たとえ〜でも]、2.[when] は [〜の時]、3.[unless] は [〜しない限り]、4.[if] は [もし〜ならば] という意味です。

問40　　正解　　3
　　　　解説　　ゴミは落とさず園に持ち帰るという内容です。

3　第1回　問題

リスニング問題　解説（放送問題付き）

Conversation 1

Ms. Suzuki: Yesterday I heard one of the children in your classroom crying very loudly. Is everything okay today?	スズキ先生：　昨日ミナマタ先生のクラスの子が大泣きしていましたね。今日は大丈夫ですか？
Mr. Minamata: Oh, it was nothing serious. Rie couldn't find her palette and became upset when I told her to use a spare one I had on my desk.	ミナマタ先生：あ、ぜんぜん問題ありません。リエちゃんがパレットが見つからなくてわたしの机にあった余分のものを使ってと伝えたら悲しくなってしまったのです。
Ms. Suzuki:　Were you able to find Rie's palette?	スズキ先生：リエちゃんのパレットは見つかったのですか？
Mr. Minamata: Oh yes. It was hidden under some papers on a shelf in the art room.	ミナマタ先生：あ、はい。美術室の棚の上の紙類の下にありました。

問41　Why was Rie crying yesterday?
　　　なぜリエちゃんは昨日泣いていたのですか？
　　　正解　　3　　　Ms. Suzuki told Rie to use a spare palette.
　　　解説　自分のパレットが見つからず、先生が余分なパレットを使うように伝えたからが理由です。

問42　Where did Mr. Minamata find Rie's palette?
　　　ミナマタ先生はどこでリエちゃんのパレットを見つけましたか。
　　　正解　　1　　　He found it under some papers in the art room.
　　　解説　先生は、紙類の下にパレットがあるのを見つけましたと言っています。

3

Conversation 2

Ms. Suzuki: Rie, please come over here so we can build a tunnel together.	スズキ先生：リエちゃん、一緒にトンネルつくるからこっちにいらっしゃいね。
Rie: Okay, what should I bring?	リエちゃん：はーい、何を持っていけばいいですか？
Ms. Suzuki: Bring a shovel and bucket.	スズキ先生：シャベルとバケツを持ってきてね。
Rie: Anything else?	リエちゃん：他になにかありますか？
Ms. Suzuki: Don't forget to fill the bucket with water.	スズキ先生：バケツにお水を入れるのを忘れないですね。

問43　Where are the teacher and Rie?
　　　先生とリエちゃんはどこにいますか？
　　　正解　　　3　　　　　In the sandbox.
　　　解説　　　先生が、トンネルをつくるのにリエちゃんにシャベルとお水を入れたバケツを持ってくるように伝えているので砂場にいることが推測できます。

問44　What did the teacher tell Rie not to forget?
　　　先生はリエちゃんに何を忘れないでと言いましたか？
　　　正解　　　2　　　　　To put water in the bucket.
　　　解説　　　バケツにお水を入れることを忘れないようにと言っています。

Conversation 3

Mrs. Jane Yamada: Did you get a message from school today?	ヤマダ　ジェーンさん：今日園から何かお知らせがありましたか？
Mrs. Mari Kato: Yes, the message explained what we need to bring to the Sports Festival.	カトウ　マリさん：はい、運動会に何を持って行けばいいのかというお知らせがありましたよ。
Mrs. Jane Yamada: I hope the weather will be fine but it looks like it's going to rain tomorrow.	ヤマダ　ジェーンさん：お天気だといいけど、明日は雨が降りそうですね。
Mrs. Mari Kato: In that case, the festival will be held indoors.	カトウ　マリさん：その場合は、室内で行われるそうですよ。

問 45　What was the message from school about?
　　　　園からのお知らせは何についてでしたか？
　　　　正解　　　2　　　　What parents should bring to the Sports Festival.
　　　　解説　　お知らせには、運動会の持ち物について記載されていて、天気に関してはありません。

問 46　What will happen if it rains tomorrow?
　　　　明日雨が降ればどうなりますか？
　　　　正解　　　1　　　　The festival will be held indoors.
　　　　解説　　室内で行われますと言っています。

Conversation 4

Ms. Suzuki: Rie, why aren't you eating your carrots?	スズキ先生：リエちゃん、なんでニンジン食べてないの？
Rie: I don't like the taste. My mom says I don't have to eat them if I don't want to.	リエちゃん：味がきらいなの。ママがいやなら食べなくていいって。
Ms. Suzuki: If you eat carrots your eyes will become stronger.	スズキ先生：ニンジンを食べると、目がよくなるわよ。
Rie: Okay, I'll eat just one.	リエちゃん：わかった、一本だけ食べる。

問47　　　Why doesn't Rie like carrots?
　　　　　リエちゃんはなぜニンジンが嫌いなのですか？
　　　　　正解　　　3　　　　　She doesn't like the taste.
　　　　　解説　　　嫌いな理由はニンジンの味と言っています。

問48　　　Why did Rie say she would eat just one carrot?
　　　　　リエちゃんはなぜニンジンを一本だけ食べると言ったのですか？
　　　　　正解　　　2　　　　　Because Ms. Suzuki said her eyes will become stronger.
　　　　　解説　　　先生が目によいと言ったからです。リエちゃんがママに言われたこととは関係はありません。

Conversation 5

Ms. Suzuki: Everyone, please line up to wash your hands before lunch.	スズキ先生：みなさん、ランチの前に手を洗いますから並んでください。
Rie: Ms. Suzuki, can I go to the toilet first?	リエちゃん：スズキ先生、その前にトイレに行ってもいいですか？
Ms. Suzuki: Sure, Rie, but come back to the room quickly because we don't have much time. Today our class must practice for Sports Day.	スズキ先生：いいわよ、リエちゃん。でも早く戻ってきてね、時間があんまりないから。今日はうちのクラスは運動会の練習をしなくてはいけないの。
Rie: Okay, I'm very excited about Sports Day and can't wait to practice.	リエちゃん：わかりました、運動会楽しみで、練習が待ち遠しい。

問49　　　What does Rie want to do before washing her hands?
　　　　　リエちゃんは手を洗う前に何をしたかったのですか？
　　　　　正解　　　3　　　　Go to the toilet.
　　　　　解説　　　手を洗う前にトイレに行きたいと言っています。

問50　　　Why did Ms. Suzuki tell Rie to hurry up?
　　　　　なぜスズキ先生はリエちゃんに急いで、と伝えたのですか？
　　　　　正解　　　1　　　　The class needs to practice for Sports Day.
　　　　　解説　　　運動会の練習をしなければならないので時間があまりないと伝えています。

Conversation 6

Mr. Minamata: Ms. Suzuki, I hear that you will be leaving our pre-school next year.	ミナマタ先生：スズキ先生、来年この園をお辞めになると聞きましたが。
Ms. Suzuki: That's right. I will be teaching at a nearby elementary school.	スズキ先生：そうなんです。近くの小学校で教えることになりました。
Mr. Minamata: We are very sorry that you are leaving but wish you success in your new job.	ミナマタ先生：お辞めになることはとても残念ですが新しい仕事でも成功なさることを祈っています。
Ms. Suzuki: Thank you. I have had many wonderful experiences and will miss the teaching staff.	スズキ先生：ありがとうございます。素晴らしい経験がたくさんできたし先生たちとお別れするのは寂しいです。

問51　Where is Ms. Suzuki's new teaching job?
　　　スズキ先生の新しい仕事はどこですか？
　　　正解　　3　　　　At an elementary school near the pre-school.
　　　解説　　園の近くの小学校が新しい職場になります。

問52　How does Ms. Suzuki feel about leaving the pre-school?
　　　スズキ先生は園を離れることをどう感じていますか？
　　　正解　　3　　　　She will miss the teaching staff at the pre-school.
　　　解説　　園の先生たちとお別れするのを残念がっています。

Conversation 7

Mrs. Mari Kato: Jane, have you heard the news about the new music room at the pre-school?	カトウ　マリさん：ジェーンさん、園の新しい音楽室のことご存じですか？
Mrs. Jane Yamada: Yes, it's very wonderful. They have even bought a new piano to replace the old one.	ヤマダ　ジェーンさん：はい、すごく素敵ですよね。新しいピアノも買って古いものと交換するそうですね。
Mrs. Mari Kato: My daughter Mary loves playing the piano and practices at home every day.	カトウ　マリさん：娘のメアリはピアノを弾くのが大好きで、家で毎日練習しています。
Mrs. Jane Yamada: My son Taro enjoys singing the songs he learns at school.	ヤマダ　ジェーンさん：うちのタロウは園で習った歌を歌うのを楽しんでいますよ。

問53　What instrument did the pre-school buy for the new music room?
　　　園は新しい音楽室にどの楽器を買いましたか？
　　　正解　　3　　　A piano.
　　　解説　　カスタネットやドラムでなくピアノです。

問54　What does Taro enjoy?
　　　タロウくんは何を楽しんでいますか？
　　　正解　　2　　　Singing songs he learned at the pre-school.
　　　解説　　園で習った歌を歌うのを楽しんでいます。

Scene 1

Beginning with the new school year, we are asking parents to prepare a box lunch for their child every week on Thursday. When deciding what to include in the box lunch please be aware that extra care must be taken during the hot summer months because the food will easily spoil. Include healthy foods such as chicken, meat, vegetables and fruit. You can also add cookies or other treats but too much sugar is not good for your child. We ask that rather than making a box lunch with cute decorations that you pay attention to the nutritional value of the food.

新学期が始まるので、保護者に毎週木曜日にお弁当を作ってくださるようお願いしています。お弁当の中身についてですが、夏の時期は腐りやすいので特に気を付けてください。鶏肉、肉類、野菜、果物など体に良い食材を選んでください。クッキーなどお菓子類を詰めてもいいですが糖分が多いものは子どもたちにはよくありません。かわいいデコレーション弁当を作るよりも食物の栄養に重点を置いてください。

問55　Why should parents take extra care for the contents of the box lunch during the hot summer months?
　　　暑い夏の間、保護者がお弁当の中身に特に注意を払わなければいけないのはなぜですか？
　　　正解　　2　　　Heat makes the food go bad.
　　　解説　　夏は暑いので食べ物が腐りやすいからです。

問56　What is more important than cute decorations in a lunch box?
　　　お弁当で可愛いデコレーション弁当よりも大切なことは何ですか？
　　　正解　　1　　　Healthy food.
　　　解説　　かわいいデコレーション弁当を作るよりも食物の栄養に重点を置くように言われているため、体に良い食べ物が一番大事です。

問57　Which of the following foods is not mentioned in the passage?
　　　以下の食物の中で文章に述べられていなかったのはどれですか？
　　　正解　　3　　　Fish.
　　　解説　　魚については述べられていません。

Scene 2

Next Monday, Kids Patio School will give parents the opportunity to observe their child's classroom. Parents may enter the classroom at 10:30 and stay until lunchtime is over. While observing the class we ask that parents do not interact with their child and do not chatter with other parents. It is important that children pay attention to the teacher and not to their parents. This is a good opportunity to observe how your child interacts with other children. Because of the limited parking space at the pre-school we ask that, if possible, parents should either walk, ride a bicycle or share a car ride with other parents. If you have any questions please contact the pre-school staff.	キッズパティオスクールでは来週月曜日に参観日があります。10時半に教室に入っていただき、お昼時間が終わるまでいてください。参観中は自分の子どもと交流したり、他の保護者とのおしゃべりもなさらないでください。子どもたちは保護者でなく先生に集中することが大切です。子どもたちがお友達同士どのように交わっているかがわかる良い機会になると思います。園の駐車場は限られていますので、可能であれば、保護者の方々には徒歩、自転車またはほかの保護者と車をシェアしてください。なにかご質問がありましたらスタッフにお尋ねください。

問 58　Until what time can parents observe the classroom?
　　　　保護者は何時まで教室参観できますか？
　　　　正解　　　2　　　　After lunchtime.
　　　　解説　　　お昼時間の後までいられます。

問 59　What should parents take care NOT to do during the observation time?
　　　　保護者が参観時にやってはいけないことは何ですか？
　　　　正解　　　2　　　　Talk with their child.
　　　　解説　　　参観中、してはいけないことの一つが、自分の子どもと話すことです。

問 60　What does the pre-school suggest that parents do on the day of the observation?
　　　　参観日に園が保護者に勧めていることは何ですか？
　　　　正解　　　1　　　　Ride in a car with other parents.
　　　　解説　　　園の車の駐車スペースに限りがあるので、車のシェアをお願いしています。

3   第2回　問題

解答解説

３級第２回　解答

問1	2	問21	3	問41	2
問2	3	問22	4	問42	1
問3	1	問23	3	問43	2
問4	3	問24	1	問44	1
問5	4	問25	4	問45	3
問6	2	問26	3	問46	2
問7	3	問27	1	問47	1
問8	4	問28	4	問48	1
問9	1	問29	3	問49	2
問10	4	問30	2	問50	3
問11	1	問31	4	問51	2
問12	3	問32	2	問52	3
問13	2	問33	1	問53	1
問14	2	問34	2	問54	2
問15	4	問35	1	問55	1
問16	1	問36	2	問56	3
問17	4	問37	4	問57	3
問18	4	問38	4	問58	2
問19	1	問39	1	問59	3
問20	4	問40	4	問60	2

問1　　正解　　2　　　　quickly
　　　　解説　　1.[busy] は [忙しい]、2.[quickly] は [(動作を) 早く]、3.[speed] は [速度]、4.[early] は [(時間が) 早く] の意味です。[move quickly] で [早く動く] つまり [急ぐ] という表現です。

問2　　正解　　3　　　　bruise
　　　　解説　　1.[cut] は [切り傷]、2.[scrape] は [擦り傷]、3.[bruise] はアザ、4.[scratch] は [ひっかき傷] です。

問3　　正解　　1　　　　in
　　　　解説　　1.[join in] は [加わる]、2.[join to] とは言いません、3.[join with] は [仲間になる]、4.[join for] という使い方はしません

問4　　正解　　3　　　　ruler
　　　　解説　　1.[compass] は [コンパス]、2.[protractor] は [分度器]、3.[ruler] は [定規]、4.[sharpener] は [鉛筆削り] です。

問5　　正解　　4　　　　best
　　　　解説　　1.[second〕は [2 番目]、2.[try] は [試みる]、3.[tough] は [強い]、4.[best] は [ベスト][do one's best] は [頑張る] という意味です。

問6　　正解　　2　　　　backwards
　　　　解説　　1.[逆さま] は [upside down]、2. [後ろ前] は [backwards]、3. [裏表] は [inside out]、4.[下向き] は [downward] です。
　　　　和訳　　あら、リエちゃん、T シャツが後ろ前逆よ。直しましょう。

問7　　正解　　3　　　　line up
　　　　解説　　1.[線をひく] は [draw a line]、2.[まっすぐにする] は [straighten]、3. [列に並ぶ] は [line up]、4.[選ぶ] は [choose] です。
　　　　和訳　　鉛筆と紙をもらう人は、列に並んでください。

問8　　正解　　4　　　　寝かしつける
　　　　解説　　1.[布団を畳む] は [fold the mattress]、2.[枕を出す] は [take out a pillow]、3.[子守唄を歌う] は [sing a lullaby]、4.[寝かしつける] は [tuck~in] です。
　　　　和訳　　スズキ先生、ぼくがパジャマに着替えたら寝かしつけてね。

問9　　正解　　1　　　　予備の
　　　　解説　　1.[予備の] は [extra]、2.[不足の] は [lack of]、3.[ぴったりの] は [exact]、4.[例外の] は [except] です。
　　　　和訳　　今日予備の服を持ってこない子どもたちが多くいました。

問10　正解　　4　　　　グズグズ言う
　　　　解説　　1.[ダラダラする] は [be lazy（その他家でだらだらするなどの言い方に chill out, hang out, relax and do nothing などがあります)]、2.[フラフラする、めまいがする] は [feel dizzy]、この他に [in outer space] は、[ふわふわする]、[spaced out] は、ぼおーっとして心ここにあらず、どこかいっている感じのニュアンスで使います。3.[チラチラ見る] は [glance、peek]、4.[グズグズ言う] は [whining] です。いつまでもグズグズとわがままを言う子にたいして [Stop whining. や Quit whining.] などを使います。
　　　　和訳　　タロウくんはお腹がすいていたので、午前中ずっとぐずぐず言っていました。

問11　正解　　1　　　　sheep
　　　　解説　　1.[sheep] は [羊]、2.[closet] は [クローゼット、戸棚]、3.[horse] は [馬]、4.[sweater] は [セーター] という意味です。
　　　　和訳　　A: ウールは何から取れるか知ってる？
　　　　　　　　B: はい！羊からです。

問12　正解　　3　　　　卒業する
　　　　解説　　1.[enter] は [入学する]、2.[take] は [取る]、3.[graduate] は [卒業する]、4.[retire] は [引退する] いう意味です。
　　　　和訳　　A: 明日はこの園最後の日ね。小学校、楽しいと思うわよ。
　　　　　　　　B: スズキ先生、会えなくなるのが寂しいけど、卒園するのはうれしいです。

問 13　　正解　　2　　　　nurse
　　　　　解説　　1.[dentist] は [歯医者]、2.[nurse] は [看護師]、3.[principal] は [校長先生]、
　　　　　　　　　4.[pharmacy] は [薬屋] という意味です。
　　　　　和訳　　A: お母さんの職業は？
　　　　　　　　　B: 看護師です。病院で働いていて、お医者さんが患者の世話をするのを手伝 って
　　　　　　　　　います。

問 14　　正解　　2　　　　cooperating
　　　　　解説　　1.[together] は [一緒に]、2.[cooperating] は [協力する]、3.[wash] は [洗う]、
　　　　　　　　　4.[supporting] は [支持する] という意味です。
　　　　　和訳　　A: スズキ先生、タロウくんが協力してくれません。おそうじを手伝いません。
　　　　　　　　　B: わかりました。彼と話して、きちんとおそうじを一緒にするようにしますね。

問 15　　正解　　4　　　　lend
　　　　　解説　　1.[borrow] は [借りる]、2.[rent] は [借りる]、3.[give] は [与える]、4.[lend] は [貸す]
　　　　　　　　　という意味です。[borrow] と [rent] は両方 [借りる] の意味がありますが、例えば、
　　　　　　　　　相手がビジネスなどをやっていて、お金を払って借りる時には [rent] を使います。
　　　　　　　　　また、お金を払わずに借りる時には [borrow] を使います。
　　　　　和訳　　A: ご親切発表会で使う衣装を縫うのにミシンを貸してくださってありがとうござ
　　　　　　　　　いました。
　　　　　　　　　B: そんなに使わないので、喜んで。また必要な時は言ってください。

問 16　　正解　　1　　　　cover
　　　　　解説　　1.[cover] は [覆う]、2.[lid] は [蓋をする]、3.[open] は [開く]、4.[empty] は [空
　　　　　　　　　にする] という意味です。
　　　　　和訳　　A: あら大変！雨が降ってきた！
　　　　　　　　　B: 急いで！砂場にビニールをかぶせなきゃ。

問17　　正解　　4　　　　glue
　　　　解説　　1.[sticky] は [べとべとした、ネバネバする粘着性のあるもの に使われます。また、そのほかに居心地の悪い不快・不愉快な状況や難しい、厄介なことなどに対しても使います]、2.[a hole-punch] は [穴あけパンチ]、3.[a thumbtack] は [画びょう]、4.[glue] は [のり] という意味です。
　　　　和訳　　A: どうやってこの二枚の紙をくっつけたらいい？
　　　　　　　　B: わかった！のりを使えばいいんだ。

問18　　正解　　4　　　　field trip
　　　　解説　　1.[travel] は [旅行]、2.[sightseeing] は [観光]、3.[tour] は [旅行]、4.[field trip] は [遠足] という意味なので、4. が正解です。
　　　　和訳　　A: 明日、動物園へ遠足に行きます。
　　　　　　　　B: おサルさんやゾウさんが見たいな。

問19　　正解　　1　　　　shut
　　　　解説　　1.[shut] は [閉める]、2.[slam] は [ぴしゃりと音を立てて閉める]、3.[push] は [押す]、4.[block] は [ふさぐ] という意味なので、ここでは閉めるという [shut] が正解です。
　　　　和訳　　A: 外はかなり寒いわ。ドアを閉めてくれる？
　　　　　　　　B: あ、ごめんなさい。忘れていました。雪から逃れてきたものですから。

問20　　正解　　4　　　　grip
　　　　解説　　1.[take] は [取る]、2.[shake] は、[すばやく振る]、3.[swing] は [揺さぶる]4.[grip] は [握る] という意味です。
　　　　和訳　　A: 棒をしっかり握るようにね、じゃないと落ちますよ。
　　　　　　　　B: はい。この前落ちました。

問21　　正解　　3　　　　rake
　　　　解説　　1.[brush] は [ブラシ]、2.[shovel] は [シャベル]、3.[rake] は [くま手]、4.[scoop] は [ひしゃく] という意味です。落ち葉を集めたり、地面をならしたりする道具の [くま手] が最も適したものとなります。
　　　　和訳　　庭の落ち葉をかき集めるのに使う道具はどれでしょう？

問22　正解　4　　　　Settle down!

解説　1.[More slowly] は [もっとゆっくりと]、2.[Take your time] は [時間をかけて]、[Go away] は [あっちへ行きなさい]、4.[Settle down] は [落ち着いて] という意味です。

和訳　乱暴な遊びをしている子どもに先生は何と言うでしょう？

問23　正解　3　　　　May I go outside?

解説　1.[I'm going outside right now] [今すぐ外へ出てきます]、2.[Do I have to go outside?] は [外に出なければいけませんか？]、3.[May I go outside?] は [外へ出てもいいですか？]、4.[I'm ready to go outside and play] は [外へ出て遊ぶ準備が出来ています] という意味です。3.[May I~?] は、[相手に対して許可（許し）を得る] という意味で、[～しても良いですか？] で、[相手に対して許容範囲] を聞いてる [Can I~?] [～しても良いですか？] より丁寧な言い方になります。

和訳　外へ出る許可をもらうとき、子どもは何と言うでしょう？

問24　正解　1　　　　The child made a mistake.

解説　1.[The child made a mistake] は [子どもが失敗した、間違えた]、2.[The child was hurt] は [子どもが怪我をした]、3.[The teacher scolded the child] は [先生が子どもをしかった]、4.[The child ate too much food and done eating] は [子どもがたくさん食べて食事を終えた] という意味です。

和訳　子どもが「おっと！」と言う時は、どんな場合でしょう？

問25　正解　4　　　　Watch out!

解説　1.[You did a fantastic job!] は [良くできました]、2.[I'm so proud of you!] は [誇りに思いますよ]、3.[Way to go!] は [やったね、その調子]、4.[Watch out!] は [気をつけて] という表現です。

和訳　先生が褒めるときに使わない言い方はどれでしょう？

問26　正解　3　　　　①－⑥

全文　Be sure to drink enough water.

解説　be sure to　は念を押す表現です。

問27　　正解　　1　　　⑦－②

全文　　Your mother will pick you up at five o'clock.

解説　　pick up で迎えに来る、目的語が代名詞の場合は pick と up の中におきます。

問28　　正解　　4　　　⑥－①

全文　　Can you help clean up the toys?

解説　　clean up は片付ける、help の後の動詞は原形です。

問29　　正解　　3　　　②－③

全文　　Let's gather together for singing time.

解説　　gather together で集まるという表現です。

問30　　正解　　2　　　⑦－④

全文　　The children changed into their swimming suits.

解説　　change into は着替えるという表現です。

A　　　英文理解のための補助和訳

A:　スズキ先生、リエがお昼を食べるのを手伝ってくださりありがとうございます。

B:　あ、どういたしまして。お弁当を全部食べるのが上手になってきましたね。

A:　一日中おやつばかり食べないで規則正しく食べ習慣を身につけさせようとしている
　　ところです。

B:　それはいいことですね。何か私にできることがあればおっしゃってくださいね。

問31　　正解・　4　　　routine

解説　　1.[regular] は [いつもの]、2.[custom] は [慣習]、3.[practice] は [練習]、4.[routine]
　　は [ルーティーン、習慣] という意味です。

問32　　正解　　2　　　anything

解説　　1.[nothing] は [何もないこと]、2.[anything] は [何かあれば] というニュアンス、
　　3.[everything] は [すべて]、4.[somewhat] は [やや] という意味です。

B　　　　英文理解のための補助和訳

　　A: 昨夜はオムツなしで寝たよ！
　　B: タロウくん、えらいわ。いい子ね！
　　A: 園ではまだオムツしていたいんだ、だって失敗するかもしれないから。
　　B: いいわよ。

問33　　正解　　1　　　　proud
　　　　解説　　1.[proud] は [誇りに思う]、2.[happy] は [うれしい]、3.[satisfied] は [満足する]、
　　　　　　　　4.[please] は [喜ぶ] という意味です。(①)の後ろに of があるので proud が正解です。

問34　　正解　　2　　　　an accident
　　　　解説　　1.[a restroom] は [トイレ]、2.[an accident] は [失敗、事故、(子どもがお漏らし
　　　　　　　　をしてしまったりしたときなどこの言葉でよく表現します)、3.[a messy] は [乱雑
　　　　　　　　な]、4.[an explanation] は [説明] という意味です。

C　　　　英文理解のための補助和訳

　　A:　今日は森で探検するために公園に行きます。
　　B:　カブトムシを捕まえて家に持って帰ってパパに見せたいんだ。
　　A:　捕まえてもいいけどあとで放してね。バスに持ってこれないからね。
　　B:　でも僕の昆虫のコレクションに入れるからパパが僕に持って帰って来てほしいって。
　　A:　ごめんね、タロウくん、でもね、規則を守らないといけないの。週末にパパともう
　　　　一度一緒に来て捕まえてに来るのもいいかもね。

問35　　正解　　1　　　　explore
　　　　解説　　1.[explore] は [探検する]、2.[invite] は [招待する]、3. [find] は [見つける]、4.
　　　　　　　　[inquire] は [尋ねる] という意味です。

問36　　正解　　2　　　　beetles
　　　　解説　　1.[squirrels] は [リス]、2.[beetles] は [カブトムシ]、3.[snakes] は [ヘビ]、
　　　　　　　　4.[acorns] は [ドングリ] という意味です。

問37　　正解　　4　　　　虫を取りに行く

　　　　解説　　会話の流れから、週末は、もう一度お父さんと虫を取りに来てコレクションを増やそうと思っています。

D　　　英文理解のための補助和訳

　　A:　リエちゃん、明日の読書の時間の本を選ぶ番がきましたよ。もう何か決めたの？

　　B:　おうちから持ってきてもいいですか？ママが新しい本をくれたの。

　　A:　いいわよ。ママがお迎えに来たときに持ってきてもいいか聞いてみるわね。

　　B:　クラスのみんなと一緒に読むの、楽しみだな。冒険に出かける女の子の話なの。

　　A:　おもしろそうね！失くさないよう本に名前を書いておいてね。

　　B:　わかりました。大好きな本なんだ！

問38　　正解　　4　　　　decided

　　　　解説　　1.[chose] は [選んだ]、2.[accepted] は [受け取った]、3.[found] は [見つけた]、4.[decided] は [決めた] という意味です。（①）の後に [on] があります。[decide on] で [～を決める] という表現です。

問39　　正解　　1　　　　Is it okay to bring a book from home

　　　　解説　　A(先生)におうちから本を持ってきてもいいかとたずねているので1.[Is it okay to bring a book from home] が正解です。

　　　　　　　　1. おうちから本を持ってきてもいいですか？

　　　　　　　　2. おうちに本を持って帰ってもいいですか？

　　　　　　　　3. どの本をおうちから持ってきてもいいですか？

　　　　　　　　4. おうちで読んでもいいですか？

問40　　正解　　4　　　　本に名前を書くようにすること

　　　　解説　　先生が [Make sure to write your name in the book] と言っているので4が正解です。

3

第2回　問題

リスニング問題　解説（放送問題付き）

Conversation 1

Ms. Suzuki: Yesterday I heard one of the children in your classroom crying very loudly. Is everything okay today?	スズキ先生：　昨日ミナマタ先生のクラスの子が大泣きしていましたね。今日は大丈夫ですか？
Mr. Minamata: Oh, it was nothing serious. Rie couldn't find her palette and became upset when I told her to use a spare one I had on my desk.	ミナマタ先生：あ、ぜんぜん問題ありません。リエちゃんがパレットが見つからなくてわたしの机にあった余分のものを使ってと伝えたら悲しくなってしまったのです。
Ms. Suzuki: Were you able to find Rie's palette?	スズキ先生：リエちゃんのパレットは見つかったのですか？
Mr. Minamata: Oh yes. It was hidden under some papers on a shelf in the art room.	ミナマタ先生：あ、はい。美術室の棚の上の紙類の下にありました。

問41　How did Rie react to losing her palette?
　　　パレットがなくなってしまったことに対しリエちゃんはどのように反応しましたか？
　　　正解　　2　　　　She cried.
　　　解説　　パレットが見つからなくてスズキ先生が持っていた余分のパレットを使うように伝えたら悲しくなってしまい、泣いてしまいました。

問42　Where did they find Rie's palette?
　　　どこでリエちゃんのパレットを見つけましたか？
　　　正解　　1　　　　On a shelf.
　　　解説　　美術室の棚の上にありました。

Conversation 2

Ms. Suzuki: Rie, please come over here so we can build a tunnel together.	スズキ先生：リエちゃん、一緒にトンネルつくるからこっちにいらっしゃいね。
Rie: Okay, what should I bring?	リエちゃん：はーい、何を持っていけばいいですか？
Ms. Suzuki: Bring a shovel and bucket.	スズキ先生：シャベルとバケツを持ってきてね。
Rie: Anything else?	リエちゃん：他になにかありますか？
Ms. Suzuki: Don't forget to fill the bucket with water.	スズキ先生：バケツにお水を入れるのを忘れないですね。

問43　What will they make together?
　　　一緒に何を作ろうとしていますか
　　　正解　　　2　　　　　A tunnel.
　　　解説　　　シャベルやバケツは、スズキ先生に持ってくるように言われたものです。

問44　Where are they playing?
　　　二人はどこで遊んでいますか。
　　　正解　　　1　　　　　In the sandbox.
　　　解説　　　教室 [classroom] やプール [pool] でもなく砂場です。

Conversation 3

Mrs. Jane Yamada: Did you get a message from school today?	ヤマダ　ジェーンさん：今日園から何かお知らせがありましたか？
Mrs. Mari Kato: Yes, the message explained what we need to bring to the Sports Festival.	カトウ　マリさん：はい、運動会に何を持って行けばいいのかというお知らせがありましたよ。
Mrs. Jane Yamada: I hope the weather will be fine but it looks like it's going to rain tomorrow.	ヤマダ　ジェーンさん：お天気だといいけど、明日は雨が降りそうですね。
Mrs. Mari Kato: In that case, the festival will be held indoors.	カトウ　マリさん：その場合は、室内で行われるそうですよ。

問 45　　What message did the school send to the parents?
　　　　園が保護者にお知らせしたことは何ですか？
　　　　正解　　3　　　　A list of items needed for the Sports Festival.
　　　　　　　　　　　　[運動会に必要なもののリスト]
　　　　解説　　会話の中で [運動会に何を持って行けばいいのかというお知らせがあった] とあります。

問 46　　What will happen if it rains tomorrow?
　　　　明日雨が降ればどうなりますか？
　　　　正解　　2　　　　The Sports Festival will be held in the school.
　　　　解説　　会話の中で [室内で行われます] とあります。

Conversation 4

Ms. Suzuki: Rie, why aren't you eating your carrots?	スズキ先生：リエちゃん、なんでニンジン食べてないの？
Rie: I don't like the taste. My mom says I don't have to eat them if I don't want to.	リエちゃん：味がきらいなの。ママがいやなら食べなくていいって。
Ms. Suzuki: If you eat carrots your eyes will become stronger.	スズキ先生：ニンジンを食べると、目がよくなるわよ。
Rie: Okay, I'll eat just one.	リエちゃん：わかった、一本だけ食べる。

問47　What does Rie hate about carrots?
　　　リエちゃんはニンジンの何が嫌いなのですか？
　　　正解　　1　　　The flavor.
　　　　　　　　　　　風味（味、香り）
　　　解説　　嫌いな理由は味で、歯ごたえや調理法とは言っていません。

問48　What is the benefit of eating carrots?
　　　ニンジンを食べるとどんな良いことがありますか？
　　　正解　　1　　　Your vision will improve.
　　　　　　　　　　　［視力が良くなります］
　　　解説　　会話の中で、スズキ先生が目によいと言っています。

Conversation 5

Ms. Suzuki: Everyone, please line up to wash your hands before lunch.	スズキ先生：みなさん、ランチの前に手を洗いますから並んでください。
Rie: Ms. Suzuki, can I go to the toilet first?	リエちゃん：スズキ先生、その前にトイレに行ってもいいですか？
Ms. Suzuki: Sure, Rie, but come back to the room quickly because we don't have much time. Today our class must practice for Sports Day.	スズキ先生：いいわよ、リエちゃん。でも早く戻ってきてね、時間があんまりないから。今日はうちのクラスは運動会の練習をしなくてはいけないの。
Rie: Okay, I'm very excited about Sports Day and can't wait to practice.	リエちゃん：わかりました、運動会楽しみで、練習が待ち遠しい。

問 49　　　What time does this conversation take place?
　　　　　この会話は何時ごろされましたか？
　　　正解　　　2　　　　　In the afternoon.
　　　解説　　　会話の中で、[ランチの前に手を洗いますから並んでください] とありますから午前でも夕方でもなく午後です。

問 50　　　Why does Rie need to hurry back?
　　　　　なぜリエちゃんは急いで戻らなければいかないのですか？
　　　正解　　　3　　　　　Because they need to practice for Sports Day.
　　　解説　　　運動会の練習をしなければならないので急いで戻らなければなりません。

Conversation 6

Mr. Minamata: Ms. Suzuki, I hear that you will be leaving our pre-school next year.	ミナマタ先生：スズキ先生、来年この園をお辞めになると聞きましたが。
Ms. Suzuki: That's right. I will be teaching at a nearby elementary school.	スズキ先生：そうなんです。近くの小学校で教えることになりました。
Mr. Minamata: We are very sorry that you are leaving but wish you success in your new job.	ミナマタ先生：お辞めになることはとても残念ですが新しい仕事でも成功なさることを祈っています。
Ms. Suzuki: Thank you. I have had many wonderful experiences and will miss the teaching staff.	スズキ先生：ありがとうございます。素晴らしい経験がたくさんできたし先生たちとお別れするのは寂しいです。

問51　Where will Ms. Suzuki work next?
　　　スズキ先生の次の職場はどこですか？
　　　正解　　2　　　　At an elementary school.
　　　解説　　会話の中で、[近くの小学校で教えることになりました]とありますので、幼稚園や託児所でなく、小学校です。

問52　How does Ms. Suzuki feel about her current job?
　　　スズキ先生は現在の仕事をどう思っていますか？
　　　正解　　3　　　　She enjoys working with co-workers.
　　　解説　　会話の中で、[素晴らしい経験がたくさんできたし先生たちとお別れするのは寂しいです]とありますので、現在の職場では同僚と楽しくやっていることが推測されます。

Conversation 7

Mrs. Mari Kato: Jane, have you heard the news about the new music room at the pre-school?	カトウ　マリさん：ジェーンさん、園の新しい音楽室のことご存じですか？
Mrs. Jane Yamada: Yes, it's very wonderful. They have even bought a new piano to replace the old one.	ヤマダ　ジェーンさん：はい、すごく素敵ですよね。新しいピアノも買って古いものと交換するそうですね。
Mrs. Mari Kato: My daughter Mary loves playing the piano and practices at home every day.	カトウ　マリさん：娘のメアリはピアノを弾くのが大好きで、家で毎日練習しています。
Mrs. Jane Yamada: My son Taro enjoys singing the songs he learns at school.	ヤマダ　ジェーンさん：うちのタロウは園で習った歌を歌うのを楽しんでいますよ。

問 53　　What is new at the pre-school?
　　　　園に新しく入ったものは何ですか。
　　　　正解　　　1　　　　The piano.
　　　　解説　　　会話の中から、[新しいピアノも買って古いものと交換する]あるので、音楽の先
　　　　　　　　生や遊戯室でなくピアノです。

問 54　　What does Mary do everyday?
　　　　メアリちゃんは毎日何をしていますか？
　　　　正解　　　2　　　　She practices the piano.
　　　　解説　　　会話の中から、[娘のメアリはピアノを弾くのが大好きで、家で毎日練習していま
　　　　　　　　す。とありますから、ピアノの練習をしています。

Scene 1

Beginning with the new school year, we are asking parents to prepare a box lunch for their child every week on Thursday. When deciding what to include in the box lunch please be aware that extra care must be taken during the hot summer months because the food will easily spoil. Include healthy foods such as chicken, meat, vegetables and fruit. You can also add cookies or other treats but too much sugar is not good for your child. We ask that rather than making a box lunch with cute decorations that you pay attention to the nutritional value of the food.	新学期が始まるので、保護者に毎週木曜日にお弁当を作ってくださるようお願いしています。お弁当の中身についてですが、夏の時期は腐りやすいので特に気を付けてください。鶏肉、肉類、野菜、果物など体に良い食材を選んでください。クッキーなどお菓子類を詰めてもいいですが糖分が多いものは子どもたちにはよくありません。かわいいデコレーション弁当を作るよりも食物の栄養に重点を置いてください。

問 55　When do parents need to prepare a box lunch?

　　　　保護者は、いつお弁当を用意しなければならないですか？

　　　　正解　　　1　　　　Every Thursday.

　　　　解説　　　毎週木曜日です。

問 56　What warning does the school give parents about preparing lunches?

　　　　お弁当を作る際保護者に気をつけるよう求めていることは何ですか？

　　　　正解　　　3　　　　Make sure the food is safe to eat.

　　　　解説　　　会話の中から、[夏の時期は腐りやすいので特に気を付けてください] とあるので安全な食べ物であることを確認することです。

問 57　What is important to do when making lunches?

　　　　お弁当をつくるとき大事なことはなんですか？

　　　　正解　　　3　　　　Making it healthy.

　　　　解説　　　デコレーション弁当でもクッキーを入れたりすることでもなく、健康的なお弁当作りが大切です。

Scene 2

Next Monday, Kids Patio School will give parents the opportunity to observe their child's classroom. Parents may enter the classroom at 10:30 and stay until lunchtime is over. While observing the class we ask that parents do not interact with their child and do not chatter with other parents. It is important that children pay attention to the teacher and not to their parents. This is a good opportunity to observe how your child interacts with other children. Because of the limited parking space at the pre-school we ask that, if possible, parents should either walk, ride a bicycle or share a car ride with other parents. If you have any questions please contact the pre-school staff.	キッズパティオスクールでは来週月曜日に参観日があります。10時半に教室に入っていただき、お昼時間が終わるまでいてください。参観中は自分の子どもと交流したり、他の保護者とのおしゃべりもなさらないでください。子どもたちは保護者でなく先生に集中することが大切です。子どもたちがお友達同士どのように交わっているかがわかる良い機会になると思います。園の駐車場は限られていますので、可能であれば、保護者の方々には徒歩、自転車またはほかの保護者と車をシェアしてください。なにかご質問がありましたらスタッフにお尋ねください。

問 58　On observation day what time will the parents leave?

　　　　保護者は参観日に何時に帰りますか？

　　　　正解　　2　　　Around noon.

　　　　解説　　［お昼時間が終わるまでいてください］とありますので、帰りの時間は正午ごろになります。

問 59　What request does the school make to the parents?

　　　　保護者にお願いしていることは何ですか？

　　　　正解　　3　　　They should observe quietly.

　　　　　　　　解説　　［参観中は自分の子どもと交流したり、他の保護者とのおしゃべりもなさらないでください］とありますので、静かに参観することです。

問 60　What form of transportation is NOT mentioned in the passage?

　　　　この文章で述べていない交通手段は何ですか？

　　　　正解　　2　　　Scooter.

　　　　解説　　自転車 [bicycle] や車 [car] に関しては触れていますが、スクーターに関しては会話の中にはありません。

3

第3回　問題

解答解説

ABC

　　　無断転載・複写を禁じます

3級第3回　解答

問1	3		問21	3		問41	1
問2	1		問22	2		問42	2
問3	4		問23	1		問43	1
問4	2		問24	3		問44	3
問5	3		問25	2		問45	3
問6	4		問26	2		問46	2
問7	3		問27	4		問47	2
問8	1		問28	4		問48	3
問9	4		問29	1		問49	3
問10	2		問30	2		問50	3
問11	1		問31	1		問51	3
問12	3		問32	2		問52	2
問13	2		問33	3		問53	3
問14	3		問34	2		問54	2
問15	1		問35	1		問55	2
問16	2		問36	3		問56	3
問17	4		問37	4		問57	2
問18	2		問38	1		問58	3
問19	4		問39	3		問59	2
問20	1		問40	2		問60	2

問1　　正解　　3　　　　faucet
　　　　解説　　1.[drain] は [排水口]、2.[towel] は [タオル]、3.[faucet] は [蛇口]、4.[dirt] は [汚れ] という意味です。

問2　　正解　　1　　　　ready
　　　　解説　　1.[ready] は [準備している]、2.[prepare] は [用意する]、3.[arrange] は [配置する]、4.[near] は [近くに] という意味です。

問3　　正解　　4　　　　toddlers
　　　　解説　　1.[infants] は [新生児から歩き始める前（1歳前後）までの赤ちゃん]、2.[caregiver] は [世話をする人]、3.[babies] は [赤ちゃん]、4.[toddlers] は [よちよち歩き始めたぐらいの幼児] という意味です。

問4　　正解　　2　　　　find
　　　　解説　　1.[search] は [捜索する]、2.[find] は [見つける]、3.[look] は [見る]、4.[catch] は [捕まえる] という意味です。

問5　　正解　　3　　　　Take your time
　　　　解説　　1.[Have a break] は [休憩してください]、2.[Make it nice] は [ステキにしてください]、3.[Take your time] は [ゆっくりしてください]、4.[Rush it over] は [駆け寄る] という意味です。

問6　　正解　　4　　　　励ます
　　　　解説　　1.[確かめる] は [make sure]、2.[なだめる] は [conciliate]、3.[無理をさせる] は [force]、4.[励ます] は [encourage] という意味です。[encourage] は [人に対して何かの行動を起こすように促す、働きかける、励ましながら行動させる] 意味があります。
　　　　和訳　　生徒たちにお皿の上のもの全部食べるよう促してください。

問7　　　正解　　　3　　　　ブランコ
　　　　解説　　　1.［滑り台］は［slide］、2.［鉄棒］は［chin-up bar］、3.［ブランコ］は［swing］、4.［遊
　　　　　　　　　具］は［playground equipment］という意味です。
　　　　和訳　　　ブランコで遊びましょう。

問8　　　正解　　　1　　　　環境
　　　　解説　　　1.［環境］は［environment］、2.［教育］は［cducation］、3.［しつけ］は［discipline］、4.［気
　　　　　　　　　候］は［climate］という意味です。
　　　　和訳　　　キッズパテイオでは、前向きに学習できる環境がつくられています。

問9　　　正解　　　4　　　　咳
　　　　解説　　　1.［鼻水］は［runny nose］、2.［喉］は［throat］、3.［くしゃみ］は［sneeze］、4.［咳］
　　　　　　　　　は［cough］という意味です。
　　　　和訳　　　ひどく咳が出るので風邪をひいたみたいです。

問10　　　正解　　　2　　　　こぼす
　　　　解説　　　1.［滑る］は［slip］、2.［こぼす］は［spill］、3.［転ぶ］は［fall］、4.［注ぐ］は［pour］
　　　　　　　　　という意味です。
　　　　和訳　　　水の入ったバケツを運ぶときは、気をつけてね。水をこぼしてもしくないからね。

問11　　　正解　　　1　　　　wipe
　　　　解説　　　1.［wipe］は［拭く］、2.［remove］は［取り除く］、3.［washing］は［洗う］、4.［mop］
　　　　　　　　　は［モップで拭く］です。
　　　　和訳　　　A：　わ！汚しちゃった！タオルくれますか？
　　　　　　　　　B：　はいどうぞ。テーブルをきれいに拭いてね。

問12　　　正解　　　3　　　　temperature
　　　　解説　　　1.［thermometer］は［温度計］、2.［heat］は［熱さ］、3.［temperature］は［体温］、4.［chill］
　　　　　　　　　は［冷え］という意味です。
　　　　和訳　　　A：　とっても熱いわ！
　　　　　　　　　B：　保健室に行って熱を測ったほうがいいわね。

問 13　　正解　　2　　　　everyone
　　　　　解説　　1.[anyone]、2.[everyone]、3.[someone]、4.[anybody] 日本語の意味はいずれも [誰でも] ですが、この文章上では everyone が正解です。
　　　　　和訳　　A；　明日は遠足だからみんなお弁当を持って来てね。
　　　　　　　　　B：　明日朝ママのお弁当作りを手伝います！

問 14　　正解　　3　　　　An elephant
　　　　　解説　　1.[A snake] は [ヘビ]、2.[A giraffe] は [キリン]、3.[An elephant] は [ゾウ]、4.[A rhinoceros] は [サイ] という意味です。
　　　　　和訳　　A：　鼻の長い動物はどれ？
　　　　　　　　　B：　知ってるよ！ゾウだよ！

問 15　　正解　　1　　　　myself
　　　　　解説　　1.[myself] は [私自身]、2.[yourself] は [あなた自身]、3.[alone] は [一人]、4. [helpless] は [どうにもならない] という意味です。
　　　　　和訳　　A：　ちょっと、リエちゃん見て！靴の紐がほどけちゃってる。（結ぶの）手伝うね。
　　　　　　　　　B：　スズキ先生ありがとう。でも自分でできるよ。

問 16　　正解　　2　　　　worried
　　　　　解説　　1. [afraid] は [怖がる]、2.[worried] は [心配する]、3.[nervous] は [神経質になる]、4.[problem] は [問題] という意味です。
　　　　　和訳　　A：　タロウくんは３日も園にきてないのよ。
　　　　　　　　　B：　そうなの、ちょっと心配になってきたわね。保護者の方に電話して様子を聞いてみます。

問 17　　正解　　4　　　　take turns
　　　　　解説　　1.[meet up] は [追いつく]、2.[wait up] は [寝ずに待つ]、3.[hold off] は [寄せ付けない]、4. [take turns] は〔順番にやる〕という意味です。
　　　　　和訳　　A：　ちょっと！滑り台は順番にやるのよ！
　　　　　　　　　B：　そう、一度にひとりずつ、横入りはだめよ。

問18　　正解　　2　　　　take off
　　　　解説　　1.[wear out] は [すり減る]、2.[take off] は [脱ぐ]、3.[put off] は [延期する]、4.[put out] は [消す] という意味です。
　　　　和訳　　A:　スズキ先生、中に入って上着を取ってきてもいいですか？
　　　　　　　　B:　いいですよ。入るときに靴を脱いでね。

問19　　正解　　4　　　　a cavity
　　　　解説　　1.[a dentist] は [歯医者]、2.[an illness] は [病気]、3.[a bite] は [噛むこと]、4.[a cavity] は [虫歯] という意味です。
　　　　和訳　　A:　歯がすごく痛い！
　　　　　　　　B:　診てもらったほうがいいわね。虫歯かもしれないわよ。

問20　　正解　　1　　　　separate
　　　　解説　　1.[separate] は [別にする]、2.[division] は [部門]、3.[apart] は [離れて]、4.[remove] は [取り除く] という意味です。
　　　　和訳　　A:　今日プールを使うのが楽しみだよ。どこで着替えればいい？
　　　　　　　　B:　まず男の子と女の子は別々にならないとね。女の子は教室に残って、男の子はプールのところへ行ってね。

問21　　正解　　3　　　　Fix her shirt so it's on the right way.
　　　　解説　　シャツを裏返しに着ていたので正しく着る、が正解です。
　　　　和訳　　[シャツが裏返しだよ]、と言われた子はどうすればいいですか？

問22　　正解　　2　　　　a palette
　　　　解説　　1.[a smock] は [スモック]、2.[a palette] は [パレット]、3.[a diaper] は [オムツ]、4.[a bib] は [よだれかけ] という意味なので、身に着けることができないものは 2.[a palette] になります。
　　　　和訳　　次の中で身に着けることができないものはどれでしょう？

108　　　　　　　無断転載・複写を禁じます

問 23	正解	1	He would fall to the ground.
	解説	鉄棒で手を放したら、地面に落ちてしまいます。
	和訳	もし、子どもが鉄棒で手を放したらどうなりますか？

問 24	正解	3	I'm so proud of you!
	解説	特に良いことをした子どもに先生は [誇りに思うよ] と言います。
	和訳	特に良いことをした子どもに先生は何と言いますか？

問 25　正解　2　practicing for a play
解説　1.[a game of freezing tag] は [氷オニごっこ]、2.[practicing for a play] は [劇の練習]、3.[playing hide-and-seek] は [かくれんぼ]、4.[kick the can] は [缶けり] という意味なので、屋外活動としてあまり行わないことは [劇の練習] になります。
和訳　次の中で屋外活動としてあまり行わないことはどれでしょう？

問 26　正解　2　①−②
全文　Tell your mother to pick you up early tomorrow.
解説　[pick up] は [お迎えに来る]。目的語の代名詞 [you] は [pick] と [up] の間に入ります。

問 27　正解　4　④−②
全文　You are very good at using chopsticks.
解説　be good at で [得意、上手である] という表現です。

問 28　正解　4　①−④
全文　We will begin when everyone is quiet.
解説　[when everyone is quiet] は [みんなが静かになったら] という表現です。

問 29　正解　1　⑥−④
全文　You should put a bandage on your finger.
解説　[put on] は付けるという意味です。

問30　　正解　　2　　　　④－⑥

全文　　Do you need to use the restroom?

解説　　[need to] は [必要がある] という意味です。

Conversation 1　　　英文理解のための補助和訳

A:　病院ごっこをしようよ！あなたが患者、私はお医者さんやるからね。

B:　私はいつも病気の人をやらないといけないじゃない。

A:　私は大きくなったらお医者さんになりたいから練習しなくちゃいけないんだもん。

B:　わかった。でも次は私がお医者さんやりたい。

問31　　正解　　1　　　　patient

解説　　1.[patient] は [患者]、2.[nurse] は [看護師]、3.[operation] は [手術]、4.[hospital]
は [病院] という意味です。次の B の会話の [病気の人をやる] から 1.[patient] の
[患者] が適切だとわかります。

問32　　正解　　2　　　　practice

解説　　1.[do] は [する]、2.[practice] は [練習する]、3.[force] は [強制する]、4.[doctor]
は [医者] という意味です。

問33　　正解　　3　　　　B is tired of doing the same thing.
　　　　　　　　　　　　　　B は、同じことをやることに飽きた。

解説　　いつも患者の役をやっているからです。

Conversation 2　　　英文理解のための補助和訳

　　A:　今日はハロウィンのお面を作ります。

　　B:　ハロウィンは怖いからきらいだよ！

　　A:　大丈夫よ。園では安全よ。みんなお友達だからね。

　　C:　はい。楽しいお面をつくればいいよ。ハロウィンはお化けばっかりじゃないしね。

　　B:　そうだね、ハロウィンはお化けばっかりじゃないもんね。じゃあ僕は、仲良し仔馬
　　　　の衣装をつくりたいな。

問 34　　　正解　　　2　　　　　　scary

解説　　1.[scared] は [怖がる、scare の過去分詞]、2.[scary] は [怖いという意味の形容詞]、3.[scare]
　　　　は [怖がらせるという意味の動詞]、4.[scaring] は [怖がらせる、scare の現在分詞]
　　　　になります。

問 35　　　正解　　　1　　　　　　costume

　　　　解説　　1.[costume] は [衣装]、2.[style] は [スタイル]、3.[equipment] は [装置]、4.[suits]
　　　　は [スーツ] という意味です。

問 36　　　正解　　　3　　　　　　She said that school isn' t dangerous.

　　　　解説　　[You will be safe at school][園では安全よ] と言っているので 3 が正解になります。

Conversation 3　　　英文理解のための補助和訳

A: はい、みなさん。起きる時間ですよ。
B: 僕、まだ眠いよー。もっと寝ていてもいい？
A: だめですよ。ここは次の活動に使いますからね。
B: じゃあ、廊下で寝られるよ！
A: これ以上寝たら今夜,、寝る時間に、眠れなくなるわよ。
B: わかったよ。起きます。

問 37　　正解　　4　　　　longer
　　　　解説　　もっと長く眠りたいという表現なので、[sleep longer] になります。

問 38　　正解　　1　　　　bedtime
　　　　解説　　1.[bedtime] は [就寝時間]、2.[room] は [部屋]、3.[alarm] は [目覚まし]、4.[night] は [夜] という意味です。

問 39　　正解　　3　　　　I' ll get up.
　　　　解説　　1.[Wake up] は [起きなさい]、2.[I' m sleeping] は [私は眠っています]、3.[I' ll get up.] は [起きます]、4.[I' ll go to the hallway.] は [廊下へ行きます] という表現です。

問 40　　正解　　2　　　　The room will be used soon.
　　　　解説　　[ここは次の活動に使いますからね] とあるように、寝る場所がなくなるからです。

3　第3回　問題

解答解説

リスニング問題　解説（放送問題付き）

Conversation 1

Mr. Minamata: Ms. Suzuki, some of the parents want us to discuss nutrition with the children. Could you come up with a lesson for next week?	ミナマタ先生：スズキ先生、保護者の方から子どもたちと栄養について話し合って欲しいと言われています。来週やっていただけませんか？
Ms. Suzuki: Sure. I think it might be good to combine it with our spring plant growing activity.	スズキ先生：いいですよ。春の植物を育てる活動と一緒にやるといいかもしれませんね。
Mr. Minamata: That's a good idea. We could plant vegetables. The children will be more willing to eat vegetables if they help with the growing process.	ミナマタ先生：それはいいですね。野菜を植えられますね。子どもたちが野菜が育つ行程に携われればもっと野菜を食べる気になるでしょう。
Ms. Suzuki: I'll start planning right away.	スズキ先生：今からすぐに計画をたてます。

Q.41　　What kind of lesson do the parents want the teacher to give?
　　　　保護者はどんな授業を先生に希望していますか？
　　　正解　　　1　　　A lesson about healthy food.
　　　　　　　　　　　ヘルシーな食物についての授業
　　　解説　　[the parents want us to discuss nutrition with the children] とありますから、栄養について、つまりヘルシーな食物について話すことをガ正解です。

Q.42　　When will Ms. Suzuki begin planning the lesson?
　　　　スズキ先生はいつこの授業の計画をたてはじめますか？
　　　正解　　　2　　　As soon as possible.
　　　解説　　[I'll start planning right away] とありますから、できだけ早くが正解です。

Conversation 2

Mr. Minamata: Have you seen the roll sheet? I need to take attendance.	ミナマタ先生：出席簿は知りませんか？出欠を取りたいのですが。
Ms. Suzuki: Oh, I already took the class attendance today. It is on my desk.	スズキ先生：あら、今日は、私がすでにやりました。出席簿は私の机の上にあります。
Mr. Minamata: Mr. Yamada assigned me to do it today. Make sure to check the assignment sheet before taking the attendance.	ミナマタ先生：ヤマダ園長が今日は私がやるようにと指示したのです。出欠を取る前にやることシートを確認することを忘れずにと。
Ms. Suzuki: Oh, I'm sorry. I won't let it happen again, Mr. Minamata.	スズキ先生：あ、申し訳ありませんでした。ミナマタ先生。次は気をつけます。
Mr. Minamata: It's okay. Just be careful next time.	ミナマタ先生：いいですよ。次回は気を付けてくださいね。

問43　Who was supposed to take attendance today?
　　　今日だれが出欠を取ることになっていましたか？
　　　正解　　1　　Mr. Minamata.
　　　解説　　ミナマタ先生です。

問44　What will Ms. Suzuki do in the future?
　　　これからはスズキ先生はどのようにしますか？
　　　正解　　3　　　　Look at the assignment sheet.
　　　　　　　　　　　やることシートを見る。
　　　解説　　やることシートを見てその日になにをやるのか確認することになります。

Conversation 3

Taro's father: Taro and I made some cookies for the class. Please enjoy them!	タロウくんのお父さん：タロウと二人でクラスの子たちにクッキーを作ってきました。食べてください。
Ms. Suzuki: I'm sorry, but we aren't allowed to serve unpackaged food to the children.	スズキ先生：申し訳ありませんが包装していない食べ物を子どもたちに与えることは禁止されているのです。
Taro's father: Oh, I didn't know that. I guess I will take them to work instead.	タロウくんのお父さん：えっ、知りませんでした。それではその代わりに会社にもっていきます。
Ms. Suzuki: They look really delicious. I'm sure your coworkers will like them.	スズキ先生：とってもおいしそうですね。同僚の方たちが喜びますね。

問 45　Why can't the children eat the cookies?
　　　　なぜ子どもたちはクッキーを食べられないのですか？
　　　　正解　　3　　　The cookies are not sealed.
　　　　　　　　　　　　クッキーが密閉されていないため。
　　　　解説　　包装されていない食物を食べることが禁止されているからです。

問 46　What is Taro's father probably going to do next?
　　　　タロウくんのお父さんは、このあとどうするか推測できますか？
　　　　正解　　2　　　Going to work.
　　　　　　　　　　　　仕事に行く
　　　　解説　　クッキーを会社に持って行くと言っているので、仕事に行くが正解です。

Conversation 4

Mr. Minamata: I'm afraid that we might have to cancel our field trip to the zoo the day after tomorrow because of the typhoon.	ミナマタ先生：台風のため明後日の動物園への遠足は中止にしなければならなくなるかもしれません。
Rie's mother: Oh, dear. Rie was really looking forward to seeing the elephants.	リエちゃんのお母さん：あら大変。リエはゾウを見るのをとっても楽しみにしていたんです。
Mr. Minamata: Well, if it's cancelled, we will plan to do it another day. Perhaps after typhoon season is over.	ミナマタ先生：そうですね、中止になった場合は、別の日に予定しています。おそらく、台風の季節が過ぎてから。
Rie's mother: That's good to hear. Let me know if you need any parents to help with the trip. I will be free later on this year	リエちゃんのお母さん：それを聞いてうれしいです。遠足の日に保護者のお手伝いが必要でしたら教えてください。今年後半は、私は時間がありますので。

問47　Why might they cancel the field trip?
　　　なぜ遠足は中止になるかもしれないのですか？
　　　正解　　2　　　The weather might be bad.
　　　解説　　台風で悪天候になるかもしれないからです。

問48　What does Rie's mother suggest for the rescheduled field trip?
　　　リエちゃんのお母さんは遠足が変更になったときどんなことを提案していますか？
　　　正解　　3　　　That she can go along for the rescheduled field trip.
　　　解説　　[遠足の日に保護者のお手伝いが必要でしたら教えてください。今年後半は、時間があります]とありますので、変更したあとの遠足のお手伝いができることを提案しています。

Conversation 5

Mr. Yamada: After school today, don't forget that we have our teachers training meeting.	ヤマダ園長：今日放課後に先生向けの研修ミーティングがありますので忘れないでください。
Ms. Suzuki: Right. I have prepared the handouts and will set up the classroom after the kids go home with their parents.	スズキ先生：わかりました。資料は用意しましたので子どもたちが保護者と帰宅したら教室を準備します。
Mr. Yamada: Thank you, Ms. Suzuki. I want you to set up the chairs and tables up in a circle so that we can have a good discussion on the topic Mr. Minamata has chosen.	ヤマダ園長：スズキ先生ありがとうございます。机といすを円形に置いてください。ミナマタ先生が選んだトピックについて有意義な話し合いができるので。
Ms. Suzuki: Okay. Is there anything else I should prepare?	スズキ先生：わかりました。何かほかに準備することがありますか？
Mr. Yamada: Yes, you can also prepare some food and drinks? I think many of us will be hungry after a full day of work.	ヤマダ園長：はい、食べ物と飲み物を少し用意してくださいませんか？夕方になると一日の仕事の後でみなさんお腹が空いているでしょう。

問49　When is the teachers meeting happening?

先生たちのミーティングはいつ行われますか？

正解　　3　　　After school is finished.

園が終わってから。

解説　　子どもたちがお迎えの保護者と帰宅してからです。

問50　What does Ms. Suzuki have to prepare?

スズキ先生は何を準備しなければなりませんか？

正解　　3　　　The food and drinks.

解説　　先生たちが一日の仕事を終えたあとでお腹も空いているでしょうから食べ物と飲み物を準備するようにスズキ先生にお願いしました。

Conversation 6

Taro's father: I think Taro might be coming down with a cold. The doctor said he was fine, but I'm a little worried. Maybe he shouldn't play outside today.	タロウのお父さん：タロウが風邪をひき始めたみたいかもしれません。お医者さんは大丈夫だと言っていますが、私は少し心配しています。今日は外で遊ばせないでください。
Ms. Suzuki: Okay. I'll make sure he stays indoors. It is a bit chilly outside today.	スズキ先生：わかりました。室内にいてもらうように気をつけます。今日は、外は少し寒いですね。
Taro's father: If he gets worse, please call his grandmother. I will be in a meeting all day and won't be able to come pick him up.	タロウのお父さん：もし調子が悪くなったら祖母に電話してください。私は一日中ミーティングなのでタロウを迎えにくることができません。
Ms. Suzuki: Thanks for letting us know. We will keep an eye on him and make sure that he gets plenty of rest.	スズキ先生：わかりました。注意してみておきます。たっぷり休息をとるようにします。

問51　Why shouldn't Taro play outside today?
　　　なぜタロウくんは今日外で遊べないですか？
　　　正解　　3　　Taro might become sick.
　　　　　　　　　タロウくんが病気になるかもしれないから。
　　　　　解説　風邪ぎみなので、お父さんが心配しているからです。

問52　Who will come pick up Taro if needed?
　　　必要になった場合誰がタロウくんを迎えにくるのですか？
　　　正解　　2　　His grandmother.
　　　　　解説　［もし調子が悪くなったら祖母に電話してください］とあるので、おばあさんに電話をしてとお願いしています。

Conversation 7

Ms. Suzuki: Some of the older children have been showing interest in foreign language. We want to start getting the children more familiar with the English alphabet.	スズキ先生：年長の子どもたちで外国語に関心のある子たちがいます。英語のアルファベットにもっと馴染んでもらうことを始めたいと考えています。
Mr. Minamata. That sounds like a good idea. Do you have any ideas?	ミナマタ先生：良い考えですね。何か計画はありますか？
Ms. Suzuki: Well, we have a few alphabet books, but it might be interesting to have the children create their own pictures for each letter of the alphabet.	スズキ先生：そうですね、アルファベットの本が何冊かありますが子どもたちにアルファベットの文字それぞれの絵を描いてもらう方が面白いかもしれませんね。
Mr. Minamata: I'm not sure what you mean.	ミナマタ先生：どういう意味かわからないのですが。
Ms. Suzuki: Give me a few days to think about it and I'll come back and share it with you. Mr. Minamata: Sounds good. I'm looking forward to hearing more.	スズキ先生：ちょっと数日考えてみます。考えがまとまったら報告します。 ミナマタ先生：わかりました。 もっといろんなことを聞けることを楽しみにしています。

問53　What are the children interested in recently?
　　　　最近，子どもたちは何に関心がありますか？
　　　　正解　　3　　　　Foreign language.
　　　　解説　　外国語です。

問54　Why will Ms. Suzuki talk with Mr. Minamata in a few days?
　　　　なぜスズキ先生はミナマタ先生と数日後に話し合いをしようとしているんですか？
　　　　正解　　2　　　　She wants to come up with a lesson plan.
　　　　解説　　授業計画について考えをまとめてから、相談しようと思っています。

Scene 1

This week, we want to start our book exchange program. We would like you to bring in old books that you wouldn't mind giving away. In exchange, you can choose a different book from the collection next week. We will give you a special ticket for each book you bring and you can use that ticket to get a different book. We are limiting the number of books to three per child. This will help the children access new stories and they can expand their imagination. Every year, it has been very successful because the children enjoy the new stories and the parents don't have to pay a lot of money to get new books.	今週本の交換会を始めたいと思います。人にあげてもいい古い本を持って来てください。その代りに、来週、集まった本のなかで欲しい本を選べます。持ってきてくださった本一冊につきスペシャルチケット一枚を渡します。そのチケットを使って別の本を手に入れてください。本の数は一人の子どもにつき3冊までとします。子どもたちが新しいお話に触れ創造が広がることになるきっかけとなるでしょう。毎年この催しは成功しています。なぜなら子どもたちは新しい物語を楽しみ、保護者はお金を出して新しい本を買わなくてもいいからです。

問55　How many books are the children allowed to exchange?
　　　交換できるのは何冊ですか。
　　　正解　　2　　　　Three.
　　　解説　　子ども一人につき3冊までです。

問56　What is NOT a purpose of the book exchange?
　　　交換の目的でないのは何ですか？
　　　正解　　3　　　　To get rid of the old books.
　　　解説　　古い本を処分することが目的ではありません。

問57　When will they be able to choose their new books?
　　　新しい本を選べるのはいつですか。
　　　正解　　2　　　　Next week.
　　　解説　　来週です。

Scene 2

Recently, the school has become very messy because we haven't been cleaning it very well. The children have been putting toys away in the wrong boxes, and the garbage area stinks and needs to be scrubbed down. We need to talk with the children and make sure they put away toys in the proper area. Don't scold them for putting them in the wrong area, but gently tell them that it is the wrong place and then praise them for putting it away in the right place. As far as the garbage area is concerned, we bought some scrub brushes and soap and now we need to scrub it down after the garbage is removed on Tuesday. We want Mr. Minamata and Ms. Suzuki to help with this.	私たちがあまり掃除をしていないので、最近園が非常に乱雑になっています。子どもたちはおもちゃを所定の箱にしまっていなく、ごみ置き場は臭いがしてしっかりと掃除をしなければなりません。 子どもたちにおもちゃを決まった場所にしまうよう話す必要があります。間違ったところに置いても叱らないでください、その代わりに、やさしくそこの場所が間違ったところだと伝え、正しい場所に片づけたらほめてください。 ごみ置き場に関してはブラシと洗剤を買いましたので、火曜日にゴミがなくなってから、こすり洗いをしましょう。スズキ先生とミナマタ先生に手伝っていただきたいです。

問 58 　What is wrong with the garbage area?
　　　　ゴミ捨て場はどういう状態ですか？
　　　　正解　　3　　　　It smells bad.
　　　　解説　　[the garbage area stinks] とあるので、ゴミ置き場の問題は「におい」です。

問 59 　How should the teachers help the children to put the toys away correctly?
　　　　先生たちは子どもたちがおもちゃをしまうのにどう手伝えばいいですか。
　　　　正解　　2　　　　Kindly ask them to put them away correctly.
　　　　解説　　[間違ったところに置いても叱らないでください、その代わりに、やさしくその場所が間違ったところだと伝え、正しい場所に片づけたらほめてください] とあります。

問60　　　When will they clean the garbage area?　いつゴミ捨て場の掃除をしますか？
　　　　正解　　　2　　　　　After the garbage is taken away.
　　　　解説　　　ゴミを取り除いてからです。

幼保 英語検定

幼保英語検定

案内

幼保英語検定受検案内

受検級 　　　　4級から1級まで5つの級

受検資格 　　　不問です。　※いずれの級からも受検可

検定開催 　　　年に3回に実施。個人受検と団体受検があり

　　　　　　　　春季検定　　7月　　第3日曜日

　　　　　　　　秋季検定　　11月　　第3日曜日

　　　　　　　　初春検定　　2月　　第3日曜日

　　　　　　　　※1級は、年1回春季検定7月第3日曜日のみ実施

申込方法 　　　協会のホームページからのインターネット申込

申込期間 　　　前検定開催日翌日から次回検定開催日の属する月前月の第4日曜日翌日まで

　　　　　　　　隣接した2つの級の併願申込可。（同一日、同一会場が条件です）

受　検　料 　　4級　3,500円　3級　4,000円　　2級　4,500円　準1級　6,500円＊（二次1回目を含みます）1級　7,000円＊（二次1回目を含みます）

協会ホームページ受検案内

https://www.youhoeigo.com/guidance/overview.html

3級レベルの出題区分

配点、出題形式などはこちらでご確認ください。
https://www.youhoeigo.com/guidance/pg3150741.html

幼保 英語検定

資格証について

幼保英語士資格証

Eiko Youho
氏　名　　幼保 英子
生年月日　XX/XX/XXXX
住　　所　東京都目黒区中目黒 3-6-2
登録番号　XXXXXXXXXX
取得検定　XXXX 年度初春検定
有効期限　XX/XX/2023

LEVEL
PROFICIENCY

幼保英語
一般社団法人　幼児教育・保育英語検定協会
Organization of Test of English for Early Childhood Education

資格証の案内

幼保英語士資格証付与について

幼保教育・保育英語検定（幼保英語検定）に合格した人材であることを明示するため、資格証の付与を下記の要領で行います。

対象：幼保英語検定　4級、3級、2級、準1級、1級　検定合格者

資格呼称：　幼保英語士資格証

幼保英語検定　4級　　　　Level：Introductory
幼保英語検定　3級　　　　Level：Beginner
幼保英語検定　2級　　　　Level：Intermediate
幼保英語検定　準1級　　　Level：Advances
幼保英語検定　1級　　　　Level：Proficiency

有効期間：

合格した検定の一般公開記念日から3年後の対応する検定日前日まで有効とします。

資格の更新：　有効期限満了日もしくは直前実施の検定を受検し合格すること。

4級、3級、2級：　　　　　再受験
準1級、1級：　　　　　　　二次試験のみ再受験（※更新の際の受験料は3,000円）

申請方法：

幼保教育・保育英語検定協会ホームページの「幼保英語士資格証付与について」から申込

発行費用：

1）新規申請：2,000円
2）更新申請：2,000円

　　　無断転載・複写を禁じます

提出写真規格：こちらhttps://www.youhoeigo.com/certificate/about_photo.htmlから確認

提出写真規格について

申込書：オンライン上にてフォームに入力

支払方法：クレジットカード、コンビニ、銀行もしくは郵便局でお支払いください。

資格証詳細・申込はこちらから

幼保英語　ワークブック　解答用紙

Level別で問題数が異なりますので　、各Levelの問題数分を記入使用下さい　。

名前	

学年	クラス
学籍番号	

	級

記入は必ず HP の黒鉛筆で正確に塗りつぶしてください　。
訂正する場合は消しゴムできれいに消してください　。

解答欄	○×	解答欄	○×	解答欄	○×
問1 ① ② ③ ④		問21 ① ② ③ ④		問41 ① ② ③ ④	
問2 ① ② ③ ④		問22 ① ② ③ ④		問42 ① ② ③ ④	
問3 ① ② ③ ④		問23 ① ② ③ ④		問43 ① ② ③ ④	
問4 ① ② ③ ④		問24 ① ② ③ ④		問44 ① ② ③ ④	
問5 ① ② ③ ④		問25 ① ② ③ ④		問45 ① ② ③ ④	
問6 ① ② ③ ④		問26 ① ② ③ ④		問46 ① ② ③ ④	
問7 ① ② ③ ④		問27 ① ② ③ ④		問47 ① ② ③ ④	
問8 ① ② ③ ④		問28 ① ② ③ ④		問48 ① ② ③ ④	
問9 ① ② ③ ④		問29 ① ② ③ ④		問49 ① ② ③ ④	
問10 ① ② ③ ④		問30 ① ② ③ ④		問50 ① ② ③ ④	
問11 ① ② ③ ④		問31 ① ② ③ ④		問51 ① ② ③ ④	
問12 ① ② ③ ④		問32 ① ② ③ ④		問52 ① ② ③ ④	
問13 ① ② ③ ④		問33 ① ② ③ ④		問53 ① ② ③ ④	
問14 ① ② ③ ④		問34 ① ② ③ ④		問54 ① ② ③ ④	
問15 ① ② ③ ④		問35 ① ② ③ ④		問55 ① ② ③ ④	
問16 ① ② ③ ④		問36 ① ② ③ ④		問56 ① ② ③ ④	
問17 ① ② ③ ④		問37 ① ② ③ ④		問57 ① ② ③ ④	
問18 ① ② ③ ④		問38 ① ② ③ ④		問58 ① ② ③ ④	
問19 ① ② ③ ④		問39 ① ② ③ ④		問59 ① ② ③ ④	
問20 ① ② ③ ④		問40 ① ② ③ ④		問60 ① ② ③ ④	

得点	

幼保英語　ワークブック　解答用紙

Level別で問題数が異なりますので 、各 Levelの問題数分を記入使用下さい 。

名前

学年　　　クラス
学籍番号

級

記入は必ず HPの黒鉛筆で正確に塗りつぶしてください 。
訂正する場合は消しゴムできれいに消してください 。

解答欄	○×		解答欄	○×		解答欄	○×
問1 ① ② ③ ④		問21 ① ② ③ ④			問41 ① ② ③ ④	
問2 ① ② ③ ④		問22 ① ② ③ ④			問42 ① ② ③ ④	
問3 ① ② ③ ④		問23 ① ② ③ ④			問43 ① ② ③ ④	
問4 ① ② ③ ④		問24 ① ② ③ ④			問44 ① ② ③ ④	
問5 ① ② ③ ④		問25 ① ② ③ ④			問45 ① ② ③ ④	
問6 ① ② ③ ④		問26 ① ② ③ ④			問46 ① ② ③ ④	
問7 ① ② ③ ④		問27 ① ② ③ ④			問47 ① ② ③ ④	
問8 ① ② ③ ④		問28 ① ② ③ ④			問48 ① ② ③ ④	
問9 ① ② ③ ④		問29 ① ② ③ ④			問49 ① ② ③ ④	
問10 ① ② ③ ④		問30 ① ② ③ ④			問50 ① ② ③ ④	
問11 ① ② ③ ④		問31 ① ② ③ ④			問51 ① ② ③ ④	
問12 ① ② ③ ④		問32 ① ② ③ ④			問52 ① ② ③ ④	
問13 ① ② ③ ④		問33 ① ② ③ ④			問53 ① ② ③ ④	
問14 ① ② ③ ④		問34 ① ② ③ ④			問54 ① ② ③ ④	
問15 ① ② ③ ④		問35 ① ② ③ ④			問55 ① ② ③ ④	
問16 ① ② ③ ④		問36 ① ② ③ ④			問56 ① ② ③ ④	
問17 ① ② ③ ④		問37 ① ② ③ ④			問57 ① ② ③ ④	
問18 ① ② ③ ④		問38 ① ② ③ ④			問58 ① ② ③ ④	
問19 ① ② ③ ④		問39 ① ② ③ ④			問59 ① ② ③ ④	
問20 ① ② ③ ④		問40 ① ② ③ ④			問60 ① ② ③ ④	

得点

幼保英語　ワークブック　解答用紙

Level別で問題数が異なりますので 、各Levelの問題数分を記入使用下さい 。

名前		学年　　　クラス
		学籍番号

	級

記入は必ず HPの黒鉛筆で正確に塗りつぶしてください 。
訂正する場合は消しゴムできれいに消してください 。

解答欄	○×		解答欄	○×		解答欄	○×
問1 ① ② ③ ④		問21 ① ② ③ ④			問41 ① ② ③ ④	
問2 ① ② ③ ④		問22 ① ② ③ ④			問42 ① ② ③ ④	
問3 ① ② ③ ④		問23 ① ② ③ ④			問43 ① ② ③ ④	
問4 ① ② ③ ④		問24 ① ② ③ ④			問44 ① ② ③ ④	
問5 ① ② ③ ④		問25 ① ② ③ ④			問45 ① ② ③ ④	
問6 ① ② ③ ④		問26 ① ② ③ ④			問46 ① ② ③ ④	
問7 ① ② ③ ④		問27 ① ② ③ ④			問47 ① ② ③ ④	
問8 ① ② ③ ④		問28 ① ② ③ ④			問48 ① ② ③ ④	
問9 ① ② ③ ④		問29 ① ② ③ ④			問49 ① ② ③ ④	
問10 ① ② ③ ④		問30 ① ② ③ ④			問50 ① ② ③ ④	
問11 ① ② ③ ④		問31 ① ② ③ ④			問51 ① ② ③ ④	
問12 ① ② ③ ④		問32 ① ② ③ ④			問52 ① ② ③ ④	
問13 ① ② ③ ④		問33 ① ② ③ ④			問53 ① ② ③ ④	
問14 ① ② ③ ④		問34 ① ② ③ ④			問54 ① ② ③ ④	
問15 ① ② ③ ④		問35 ① ② ③ ④			問55 ① ② ③ ④	
問16 ① ② ③ ④		問36 ① ② ③ ④			問56 ① ② ③ ④	
問17 ① ② ③ ④		問37 ① ② ③ ④			問57 ① ② ③ ④	
問18 ① ② ③ ④		問38 ① ② ③ ④			問58 ① ② ③ ④	
問19 ① ② ③ ④		問39 ① ② ③ ④			問59 ① ② ③ ④	
問20 ① ② ③ ④		問40 ① ② ③ ④			問60 ① ② ③ ④	

得点	

幼保英語検定3級 ワークブック

2023年6月20日初版1刷発行

著者	一般社団法人国際子育て人材支援機構
発行所	一般社団法人国際子育て人材支援機構
	〒153-0061 東京都目黒区中目黒 3-6-2
	Tel 03-5725-0554 Fax 03-6452-4148　http://www.b-parenting.jp/
発売所	株式会社　ブックフォレ
	〒224-0003 神奈川県横浜市都筑区中川中央 1-21-3-2F
	Tel 045-910-1020 Fax 045-910-1040　http://www.bookfore.co.jp
印刷	今家印刷株式会社
製本	株式会社常川製本

© 2020, Organization of Bilingual Parenting Printed in Japan

ISBN978-4-909846-52-5